IL RACCONTO BIANCO

I0435221

Di Claudio Molaioni

Credits

Immagine di Copertina di: Roberto Di Biagio
Ogni immagine riporta in calce proprietario e fonte di appartenenza.

Disclaimer

Ringraziamenti

A Tiziana, Federico, Giulio, Lucia per avermi sopportato come marito e come padre in questi mesi di scrittura e di introspezione. A Gianfranco ed Aldo per avermi trasmesso la passione per la cura del diabete e per aver condiviso con me quella per l'alpinismo. A Paola e Ryan per il loro prezioso aiuto nella pubblicazione di questo libro.

Al mio Diabete, compagno di vita e di avventure.

Indice

INTRODUZIONE
di Aldo Maldonato

L'idea di accompagnare un gruppo di persone con diabete sulla cima del Monte Bianco è maturata dal forte interesse che ho da tempo per l'Educazione Terapeutica dei Pazienti e dalla passione per lo sport praticato in genere, in particolare per le attività aerobiche di lunga durata come ciclismo, corsa e alpinismo. Nella mia vita professionale ho avuto la fortuna di potere far coincidere questi due interessi in numerose occasioni, e in particolare in due spedizioni alpinistiche (Disk-2002 ai 6000 m del Kilimanjaro, e ISLET-2005 ai 7000 m del Pik Lenin) organizzate da alpinisti diabetici e da me sostenute attraverso il Comitato per l'Educazione Terapeutica (ComET).

In queste occasioni mi sono reso sempre meglio conto che l'Educazione Terapeutica è un processo complesso e che il modo migliore di realizzare apprendimento e motivazione all'auto-cura efficace supera le tradizionali modalità informative, e passa attraverso la condivisione vissuta fra pazienti e operatori in condizioni certo non "estreme" ma di grande impegno adattativo.

Se a questo si aggiunge il valore primario che per tutte le persone con diabete – e in particolare per i giovani – costituisce la nozione di non essere "limitati" e il fatto di poterlo dimostrare – dati alla mano – nel proprio ambiente (spesso all'oscuro di questa verità), si comprenderà come a distanza di 7 anni dall'ultima "impresa" in alta quota mi sia posto l'obiettivo di rinnovare questo messaggio di buona cura, di autocontrollo e autogestione, con un'iniziativa ComET.

Non è certo la prima volta che un gruppo di persone con diabete raggiunge la vetta più alta d'Europa: io non so quante volte ciò sia avvenuto, ma non ha molta importanza. Non è il valore assoluto dell'impresa che conta, ma il suo significato reale e simbolico: *"persone con diabete amanti della montagna, di forza e abilità normali, possono stare molto bene, e anche raggiungere vette alpinistiche e di buon controllo che ad altri possono sembrare impossibili"*.

Nel 2011, poiché nonostante un curriculum alpinistico di un certo peso (per un diabetologo!) il M. Bianco mancava nel mio carnet, prima di proporlo ai pazienti, ho voluto toccare con mano difficoltà e impegno. Così un giorno di settembre sono partito presto da Roma, nel pomeriggio ho raggiunto con Piero il "Refuge des Cosmiques", e il giorno dopo, con tempo perfetto, abbiamo raggiunto la vetta, per la via normale detta dei Trois Monts Blancs, la stessa che poi abbiamo scelto per tutto il gruppo, principalmente a causa della sua spettacolarità.

L'appassionato e avvincente resoconto di Claudio dimostra ancora una volta il valore di iniziative di questo genere, nelle quali, oltre a realizzare un sogno coltivato più o meno a lungo, più o meno segretamente, le persone si mettono alla prova e si confrontano con i propri limiti e paure. Perfino un medico attento al suo autocontrollo come Claudio, che in tante occasioni ha saputo essere di guida e sostegno agli altri, nelle condizioni limite dell'alta quota ha avuto modo di imparare ad "aggiustare il tiro" su alcuni aspetti della terapia.

Sono certo che l'esperienza e l'entusiasmo di questo gruppo di persone con diabete, che ha saputo regolarsi e soffrire per raggiungere una meta tanto desiderata, saranno fonte di ispirazione e di incoraggiamento per tanti giovani e per i loro familiari, in particolare per i genitori di bambini e ragazzi con diabete giovanile.

Pur consapevoli che l'esempio può stimolare l'imitazione, la nostra vocazione non è quella di fare proseliti per l'alpinismo in alta quota: se non altro perché consideriamo la solitudine delle vette un valore prezioso, da preservare il più a lungo possibile.

Ci auguriamo invece che il nostro esempio avvicini quante più persone possibile all'escursionismo, che è oggi considerata una delle attività più salutari.

Il mio unico rammarico, questa volta, è stato di non poterli accompagnare in vetta a causa di un banale incidente a un piede occorso due settimane prima della partenza. Ma non tutto il male viene per nuocere: questo contrattempo mi ha instillato la giusta rabbia e la voglia di riprovarci, quindi… *ad majora*, con Claudio e gli altri!

PROLOGO

La mia storia inizia nel maggio 2013 quando il professor Aldo Maldonato, diabetologo, docente di endocrinologia all'Università "La Sapienza" di Roma nonché presidente del ComET (Comitato per l'Educazione Terapeutica), convinto assertore della importanza di una buona educazione terapeutica per la cura del diabete, si mise alla ricerca di diabetici tipo 1 insulino-dipendenti, per portare a termine un progetto ambizioso: arrivare con dei diabetici non alpinisti sulla vetta più alta delle Alpi, il monte Bianco, con le proprie forze, senza l'ausilio di elicotteri o altri mezzi meccanici.

Il progetto era nato dalla considerazione che per arrivare a questa meta ogni partecipante avrebbe dovuto intraprendere un cammino di preparazione non solo fisica a causa della quota prossima ai 5000 metri, dove la mancanza di ossigeno si fa sentire, e dove anche fare un piccolo passo in mancanza di un allenamento specifico, può diventare un ostacolo insuperabile, ma anche di conoscenza del proprio metabolismo e delle proprie reazioni alla fatica fisica e psicologica. Inviai quindi ad Aldo la mia richiesta di partecipazione nella duplice o triplice veste di diabetico, medico, sanitario del soccorso alpino e speleologico, e lui fu contentissimo di prendermi nel gruppo.

I Capitolo:
Attesa e Preparazione

Mi è sempre piaciuto frequentare la montagna; anche senza avere grande esperienza e senza aver mai scalato grandi cime, appena il lavoro e gli impegni familiari me lo consentono, organizzo uscite sia invernali che estive, con amici o anche da solo con i miei cani. La passione per la Montagna è qualcosa che mi porto dentro sin da ragazzo; è una passione che richiede una profonda conoscenza di me stesso e dei miei limiti, oltre a una giusta dose di umiltà e di rispetto per l'ambiente; è un piacere distante dal rumore e dallo stress cittadino di tutti i giorni nel quale adoro ritirarmi non appena il lavoro e la vita familiare me lo consentono.La montagna ha delle regole severe, che a noi cittadini abituati alle comodità della vita sedentaria permettono un confronto con noi stessi e con il nostro essere più autentico, soddisfacendo a un bisogno di verità, di confronto sincero, catartico, con la natura e le sue leggi dalle quali tutti dipendiamo. Dopo un giro di mail tra Aldo e gli altri interessati al progetto, fu definito il gruppo che sarà composto da sette diabetici frequentatori di montagne senza una grande esperienza alpinistica, e la data della partenza, prevista per i primi di settembre.

Ignaro di cosa volesse dire allenarsi in quota, chiesi consiglio a un mio collega medico dello sport, nonché diabetologo di fama, il quale mi rispose che per ottenere una buona acclimatazione avrei dovuto dormire per qualche notte sopra i 2500 metri di quota salendo al mattino con passeggiate ed escursioni sopra i 3000. Questo progetto, per me che vivo nelle Marche in riva al mare Adriatico, non era realizzabile; nei quattro mesi che mi separavano dalla partenza avrei potuto al massimo fare una o due escursioni sul massiccio del Gran sasso, che con i suoi 2.900 metri di quota rappresenta la quota più alta nelle vicinanze, comunque insufficienti per raggiungere una preparazione adeguata all'obbiettivo da raggiungere. Decisi quindi di allenarmi a modo mio, facendo attività a livello del mare, per arrivare ad avere una buona preparazione di fondo, da rifinire negli ultimi giorni prima della salita, che avremmo trascorso sul monte Rosa, dormendo in un rifugio a 3.500 metri di quota. Passavano i giorni, l'allenamento procedeva lentamente, ed il mio fisico stentava a entrare in forma. Il clima piovoso di maggio e giugno e il lavoro, non mi avevano concesso che poche ore per l'allenamento di fondo; il tempo stringeva, mancavano solo due mesi, e in montagna non ero ancora riuscito ad andare. Decisi allora di unire l'utile al pratico, e cominciai un allenamento differente: sarei andato a lavoro in bicicletta percorrendo circa 36 km al giorno tutte le volte che potevo così da potermi allenare senza rubare tempo alle altre mansioni della giornata. In questo periodo la maggiore attività fisica mi costrinse a ridurre il fabbisogno di insulina basale di circa un terzo, perdendo circa cinque chili di peso superfluo; curai anche l'alimentazione preferendo gli zuccheri semplici e di rapido assorbimento per compensare i cali glicemici durante l' attività, e una alimentazione a base di carboidrati complessi come pasta riso e legumi l pranzo, e proteine con carne e formaggi la sera. Avevo capito che per noi diabetici la dieta, oltre a essere un bisogno, un piacere fisico, e a volte una croce, poteva diventare una ulteriore forma di allenamento nel senso che mangiare certi alimenti poteva contribuire a migliorare la prestazione fisica e prevenire il calo degli zuccheri. Capii che associare nella colazione del mattino una modica quantità di grassi con degli zuccheri semplici, ad esempio pane burro e marmellata, poteva aiutare a smussare il picco glicemico della colazione migliorando le prestazioni fisiche; avevo anche capito che per ripristinare le scorte di glicogeno, una specie di zucchero di scorta che teniamo immagazzinato nei muscoli e nel fegato e che utilizziamo insieme ai grassi come carburante durante lo sforzo prolungato, il mio fisico riprendeva zuccheri dal sangue, provocando ipoglicemia molte ore dopo la sospensione dell' attività; per evitare questa complicazione era importante ridurre l'infusione basale delle ore serali, cosa possibile per chi come me utilizza un microinfusore di insulina.

Avevo anche capito che per riuscire a gestire l'allenamento senza finire in ipoglicemia, dovevo fare sport prima dei pasti o almeno due ore dopo, rimanendo a riposo nei periodi di massima attività dell'insulina.

Provai quindi a mettere in pratica queste nuove conoscenze, facendo tesoro delle indicazioni che provenivano dagli errori compiuti come dai successi ottenuti, imparando come gestire al meglio la glicemia durante e dopo la attività. Giorno dopo giorno mi sentivo più tranquillo sicuro e consapevole durante lo sport e nel resto della giornata. Senza che me ne rendessi conto, l'educazione terapeutica del progetto Monte Bianco, stava già portando i suoi frutti.

Appendice al I Capitolo:

Il mio microinfusore

Il microinfusore è una pompa , poco più piccola di un pacchetto di sigarette, che tramite un tubicino collegato al mio corpo tramite un cerotto, infonde in modalità continua insulina rapida nel sottocute con una velocità programmabile.

Lo porto da circa tre anni e ha rappresentato una vera svolta positiva della mia vita di diabetico. Dal primo giorno dopo la diagnosi, oramai 27 anni fa, ho dovuto familiarizzare con l'insulina per poter continuare a vivere; prima con le siringhe, poi con le penne, utilizzavo due differenti insuline, una di insulina rapida ai pasti, e una di insulina lenta, da praticare la sera dopo cena, per tenere sotto controllo la glicemia lontano dai pasti. Facevo quattro punture al giorno ma il controllo glicemico non era ottimale, avevo dei picchi glicemici durante il giorno e andavo spesso in ipoglicemia durante la notte. Le due insuline hanno un comportamento differente: la rapida ha una durata limitata, al massimo 4 ore, inizia a funzionare 10-15 minuti dopo l'iniezione, svolge la sua attiva massima nelle prime due ore, per terminare la sua azione entro le 4 ore; si inietta subito prima del pasto per tenere sotto controllo la glicemia nelle 4 ore successive.

La lenta basale si fa la sera dopo cena e serve per mantenere costante la glicemia lontano dai pasti. entra in funzione più lentamente rispetto alla rapida ma dura praticamente tutta la giornata. Da quando uso il microinfusore utilizzo solo insulina rapida contenuta in un serbatoio all'interno del mio infusore da infondere con differenti modalità: una infusione continua per 24 ore al giorno, che consente di svolgere il lavoro dell'insulina lenta tenendo sotto controllo la glicemia nei periodi di digiuno e durante la notte, e un' infusione in bolo, che serve per coprire i bisogni dei pasti. I vantaggi di questo sistema mi sono sembrati subito evidenti: ho infatti la possibilità, di scegliere velocità differenti di infusione basale a seconda delle diverse attività della giornata. Se faccio sport, la posso ridurre nelle ore in cui si riduce il fabbisogno evitando l'ipoglicemia, mentre in periodi di stress fisico e psicologico o durante una malattia, quando il mio organismo diventa resistente ai normali dosaggi, posso aumentare la velocità di infusione mantenendo stabili i valori glicemici. La modalità di infusione dei boli ai pasti, più lenta e costante rispetto alle penne, consente un miglior assorbimento dell'insulina con il risultato immediato, a parità di valori glicemici, di una riduzione del fabbisogno giornaliero; ma il vantaggio più grande è quello di poter scegliere delle differenti modalità di infusione che mi permettono una maggiore libertà, infatti posso scegliere dei boli ad onda semplice, analoghi a quelli che facevo con le penne, ma anche boli ad onda quadra o doppia, ovvero boli frazionati nel tempo a seconda delle mie esigenze alimentari di ogni giorno. Con questi boli differenziati posso avere più libertà nel mangiare poiché riesco a frazionare l'infusione rispettando e assecondando la capacità del mio organismo di metabolizzare i carboidrati; posso così permettermi di mangiare alimenti tradizionalmente tabù per i diabetici, come la pizza o i dolci, senza temere grossi problemi glicemici. L'altro grandissimo vantaggio del microinfusore è la possibilità di associare un sistema che permette il monitoraggio in continuo della glicemia tramite un trasmettitore delle dimensioni di una moneta da due euro,anch'esso posizionato sulla cute, collegato ad un sensore che misurando le variazioni della concentrazione di glucosio tramite un microelettrodo inserito nel tessuto sottocutaneo riesce, tramite correlazioni logaritmiche, ad indicare la glicemia con sufficiente precisione ed accuratezza da poter essere utilizzato, una volta tarato, come punto di riferimento per capire e prevedere l'andamento glicemico.

Va detto per correttezza che questo apparecchio da solo non ha risolto nessuno dei miei problemi, non ha curato il mio diabete; per utilizzarlo consapevolmente ho dovuto studiare, impegnarmi a fondo per capire il funzionamento del mio metabolismo diabetico, familiarizzare con alcuni concetti nuovi come la conta dei carboidrati necessaria per capire quanti carboidrati sono contenuti nel piatto di pasta o nel dolce che sto per mangiare, o il rapporto carboidrati insulina, ovvero quante unità di insulina servono per mangiare una quantità nota di carboidrati senza ritrovarsi con la glicemia inaspettatamente molto alta o molto bassa. Il sistema integrato micro e sensore (S.A.P.: Sensor Augmented Pump) ha reso più semplice ed agevole studiare il comportamento del mio metabolismo, le mie reazioni glicemiche al cibo e allo stress, mi ha permesso, alla fine di un percorso di conoscenza del mio metabolismo e delle mie reazioni all'ambiente, di acquisire la capacità di prevedere con sufficiente precisione quale sarà il mio andamento glicemico nella giornata, la libertà di mangiare consapevolmente quello che voglio, e la libertà, tutt'altro che scontata per un diabetico, di fare la attività sportiva che più desidero: l'alpinismo, senza correre particolari rischi metabolici. Mi ha ridato la libertà di guardare al futuro senza concepire il diabete come un ostacolo. Questi vantaggi hanno anche minimizzato lo svantaggio di avere tutto il giorno una macchinetta grande come un pacchetto di sigarette nella tasche dei pantaloni con un tubicino attaccato al corpo, e un sensore grande come una moneta da due euro attaccato sulla pancia. Da quando ho il micro ho stabilizzato la mia emoglobina glicata: l'esame del sangue che indica l'andamento medio della glicemia negli ultimi tre mesi, a valori prossimi a quelli di un non diabetico, e non ho mai più avuto problemi seri di ipoglicemia né di giorno né di notte.

Il sistema integrato micro e sensore (S.A.P.: Sensor Augmented Pump) ha reso più semplice ed agevole studiare il comportamento del mio metabolismo... Mi ha ridato la libertà, tutt'altro che scontata per un diabetico, di fare la attività sportiva che più desidero: l'alpinismo, senza correre particolari rischi metabolici...

II Capitolo:

Problemi in Vista

All'arrivo dell'estate tutto sembrava procedere per il meglio: era ormai luglio, e il clima finalmente stabile mi permetteva di utilizzare tutti i giorni la bicicletta per andare a lavoro; di questa continuità beneficiava sia la mia forma fisica che quella psichica. Arrivai così a fine agosto avendo percorso più di 1000 chilometri quasi senza accorgermene. In questo periodo dovetti rivedere i dosaggi per adattarli alla nuova realtà nella quale il pranzo diventava il pasto più difficile da gestire: non potendo posticiparlo ero costretto a mangiare e fare l'insulina alle 12:00 per poi iniziare la pedalata alle 13:00, con il rischio di ipoglicemia durante il tragitto che mi costringeva a fermarmi per assumere carboidrati supplementari; se invece riducevo il dosaggio per evitare l'ipo, arrivavo alla partenza con glicemie molto alte che non sempre riuscivo ad abbassare nei 40 minuti di pedalata del tragitto casa-lavoro.

Per ovviare al problema decisi di cambiare alimentazione scegliendo un pasto a base di carboidrati complessi e grassi, come la pasta al burro o all'aglio ed olio. La presenza dei grassi permetteva di ritardare l'assorbimento degli zuccheri evitando il picco iperglicemico postprandiale, cambiai anche il bolo utilizzando quello ad onda quadra che suddivide il bolo del pasto in tanti piccoli boli successivi, tanto minori quanto maggiore il tempo di infusione impostato; questa modalità mi permetteva di iniziare a pedalare evitando l'ipoglicemia. Dopo alcuni giorni di prova e alcuni errori che mi servirono per affinare la tecnica, riuscii a pedalare subito dopo mangiato senza più problemi.

Stavo finalmente entrando in forma, il fisico rispondeva bene all'allenamento, la glicemia si era stabilizzata, mancavano ormai una settimana alla partenza, quando rimasi vittima di un banale incidente che rimise tutto in discussione: mi trovavo al mare con la famiglia , quando correndo dietro ad un pallone il primo dito del piede sinistro rimase inspiegabilmente piantato nella sabbia sopportando, per pochi interminabili attimi, tutto il peso del corpo. Fui sorpreso da un dolore intenso al quale seguì un urlo, misto di rabbia e preoccupazione di aver in un attimo vanificate, le mie fatiche di mesi. La radiografia effettuata il giorno successivo, diede corpo ai miei timori evidenziando una microfrattura del primo dito, che in poche ore aveva raddoppiata la sua dimensione diventando di un preoccupante colore viola scuro. Il collega ortopedico al quale mi rivolsi sentenziò 10 giorni di prognosi.

Dopo un iniziale scoramento, ripresi il mio spirito combattivo: ce la dovevo fare in una settimana, non avevo alternative. Il dito mi fu imprigionato in una struttura metallica protettiva che non mi consentiva di calzare le scarpe. Iniziai così la convalescenza, nella speranza che fosse più breve di quanto previsto.

I giorni passavano velocemente, il mio dito, ingabbiato, non faceva più male, ma le incognite erano tante: sarei riuscito a calzare gli scarponi e a camminare? E anche se il piede fosse guarito, ce l' avrei fatta dopo sette giorni di totale inattività, a salire la montagna più alta delle Alpi?

III Capitolo:

Ultimi Preparativi

Così arrivò settembre , il meteo prometteva bene, il dito del piede, una volta tolta l'armatura protettiva era tornato di dimensioni normali, a ricordo del trauma rimaneva una striscia scura sotto l'unghia che solo a sfiorarla faceva ancora molto male, ma nel complesso riuscivo a muovere il dito di quel tanto per calzare gli scarponi e camminare che era tutto quello di cui al momento avevo bisogno. Era giunto il momento di pensare alla preparazione del materiale sanitario: avevo una borsa, preparata in accordo con Aldo e Gianfranco, gli altri due diabetologi del gruppo, con il materiale sanitario di primo intervento: cerotti, garze, suture, disinfettanti, diuretici, antidolorifici e cortisonici. Per le esigenze personali avevo preparato un minipack portatile con due penne di insulina rapida, il cambio del set di infusione, il glucometro con 50 strisce reattive, e il glucagone per le emergenze ipoglicemiche; materiale da conservare al riparo dal freddo, che avrei portato al caldo dentro la giacca a vento. Avevo programmato di attivare il sensore glicemico il giorno stesso della partenza in modo che durasse per tutti i sei giorni previsti del viaggio. Un altro possibile problema da prevedere era il malfunzionamento della pompa o per guasto del dispositivo, cosa rara ma possibile, o per torsione/occlusione della cannula sottocutanea con interruzione del flusso di insulina, evento questo molto più frequente e pericoloso. In questi casi il rischio è di non accorgersi degli allarmi di mancata erogazione di insulina, e sviluppare nel giro di poche ore una grave cheto acidosi diabetica, condizione nella quale non potendo più utilizzare zuccheri per il fabbisogno energetico a causa della mancanza di insulina, si utilizzano parzialmente i grassi, unica fonte energetica disponibile, con l'accumulo nel sangue di chetoni: prodotti intermedi della combustione dei grassi, che in quantità elevate provocano ulteriori gravi alterazioni metaboliche, caratterizzate da un anumento di acidità del sangue soprattutto durante l' attività fisica. Sintomi di questa grave complicanza sono la comparsa di nausea, vomito, continua necessità di urinare, disidratazione, dolori muscolari e con il passare delle ore lo sviluppo di una progressiva spossatezza fino alla perdita di coscienza e al coma. Caratteristica di questa temibile complicanza è la comparsa di un alito dolciastro, sintomo premonitore, da tenere sempre presente in tutti i casi di malessere nei diabetici insulino-dipendenti, soprattutto se portatori di microinfusore. La prima cosa da fare in questi casi è iniettare subito insulina rapida a dosaggi relativamente elevati per far fronte all' insulinoresistenza tipica di questa grave complicanza, bere molta acqua, cosa non agevole con la nausea e il vomito, e rimanere in assoluto riposo, per poi cambiare il set di infusione appena le condizioni ambientali lo permettano. Per far fronte a questi problemi avevo aggiunto al mio kit di sopravvivenza anche l'insulina lenta basale, nel caso fossi stato costretto dalle circostanze a tornare temporaneamente alla terapia multi iniettiva. Altro fondamentale elemento da considerare nella preparazione dello zaino è la scorta di carboidrati: avrei portato con me caramelle di zucchero fondente per far fronte in pochi minuti a un'eventuale ipoglicemia, e barrette di malto destrine per garantire un supporto continuato e costante di zuccheri durante tutto il tempo di attività, un litro d'acqua ed un termos per il tè. Alimenti e bevande che negli anni, andando per monti, sono diventate un supporto psicologico oltre che nutrizionale, una coperta di Linus per compiere l'escursione con la necessaria tranquillità. Era arrivato il 2 settembre, il giorno prima della partenza, tutto era pronto. Quella sera andai a cena al mare con tutta la famiglia, in quel momento, davanti a una squisita frittura di pesce fresco dell'Adriatico, guardando il mare calmo, placido nella sua apparente uniformità, così distante dalla tormentata successione di cime ineguali, di ripidi pendii innevati affacciati sull'abisso, tipici delle nostre Alpi, mi sorpresi a pensare a come sarebbe cambiata la mia vita nella settimana che stava per iniziare.

In poche ore sarei passato dai colori e dal clima caldo di fine estate, all'abbagliante candore delle nevi perenni e al clima rigido dei 3.585 metri di quota del rifugio Sella sul monte Rosa; e inoltre sarei passato da una vita impostata sui ritmi frenetici della routine quotidiana, ad una vita in cui il tempo sarebbe trascorso più lentamente, scandito da ritmi più naturali: le sveglie prima dell'alba seguite da giornate di intensa attività fisica e da cene al tramontar del sole; giornate nelle quali avrei rivolto tutta la mia attenzione alle salite da affrontare, al cibo e alla dose di insulina necessaria per mantenere stabile la glicemia. Giornate, almeno le prime, nelle quali la mancanza di acclimatazione alla quota, avrebbe reso difficile ogni respiro costringendo l'organismo a un'affannosa quanto vana ricerca di ossigeno. Sapevo però che si sarebbe anche creata con gli altri componenti del gruppo, quella magica atmosfera di condivisione che avrebbe permesso di stabilire un rapporto di amicizia franco e diretto dove la fatica e le difficoltà della gestione quotidiana del diabete, avrebbero potuto essere esplorate nell'intimo e poi raccontate agli altri la sera davanti a un tè caldo, in convivialità, creando terreno fertile per una crescita collettiva e consapevole. Domenica sera al ritorno dal mare tutto era pronto: piccozza casco e scarponi erano appoggiati alla porta di casa vicino allo zaino, che pur alleggerito del superfluo, aveva un peso superiore ai 20Kg. L'eccitazione mi teneva sveglio, avevo appuntamento alle sei del mattino al casello della A14 con Gianfranco e Luigi, avrei passato la notte a rigirarmi nel letto, strappando alle ore un sonno breve e inquieto.

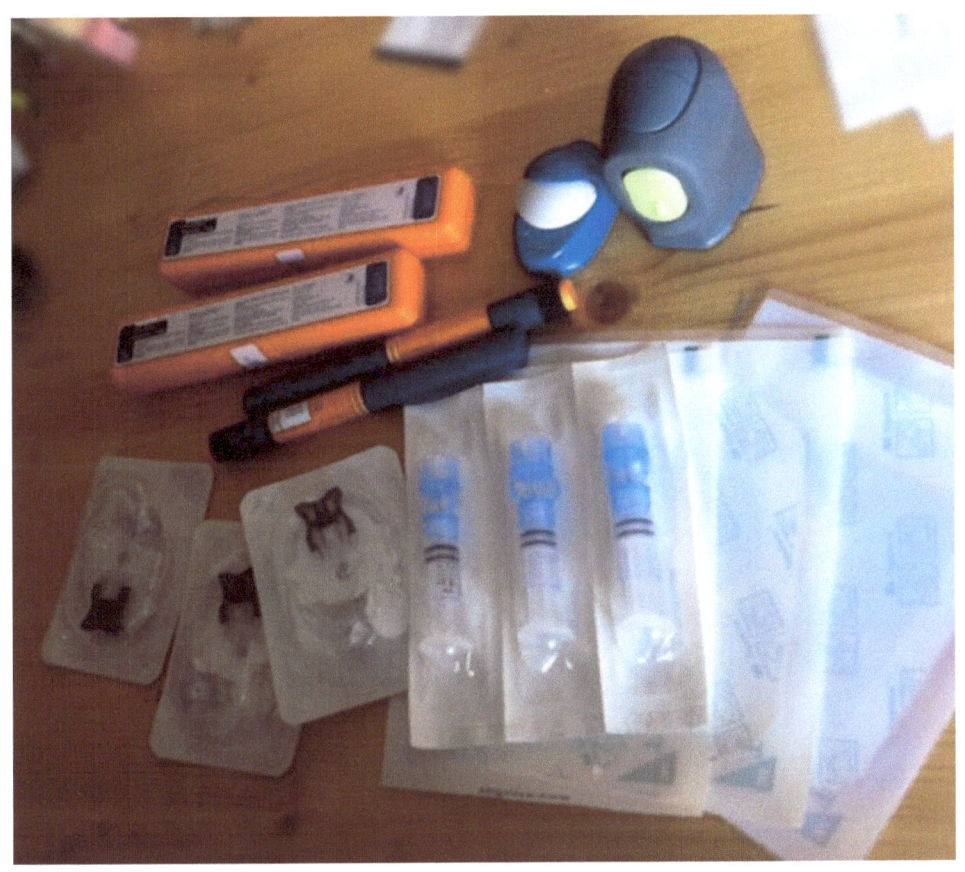

Il materiale in preparazione della partenza: il mio kit

IV Capitolo:

Inizia l'avventura: Storie, esperienze ed emozioni a confronto

Partii da casa alle 5 del mattino dopo aver dato un bacio a mia moglie ancora addormentata, ed averle promesso che la avrei chiamata la sera dal telefono del rifugio. Traversai con la macchina una città ancora deserta ed in pochi minuti ero al parcheggio del casello autostradale, albeggiava. Di lì a poco arrivò Luigi , dopo i saluti di rito, visto che era un anno esatto che non ci vedevamo, partimmo con destinazione Gressoney la Trinité luogo dell'appuntamento.

Luigi è un ragazzo dallo spirito allegro, sempre pronto a prendere e prendersi in giro; ci conoscemmo nell'inverno 2012 in occasione del mio primo campus sui monti Sibillini. Fisico massiccio da gigante buono, anche lui portatore di microinfusore, durante le salite in montagna consuma più zuccheri che grassi tanto che per evitare l'ipoglicemia interrompe per alcune ore l'infusione basale; si trova perfettamente a suo agio sulle salite dure e lunghe, si è preparato tantissimo per questo appuntamento andando in montagna praticamente tutte le settimane sia di inverno che durante l'estate , e adesso morde il freno, non vede l'ora di dimostrare a se stesso e a tutti noi, il suo stato di forma. Nel corso degli anni ha capito come gestire la glicemia imparando dai propri errori, senza tante teorie e calcoli: la conta dei carboidrati la fa a occhio, ignora l'importanza della sensibilità insulinica e del rapporto insulina carboidrati, in questa settimana imparerà, dopo anni di utilizzo del microinfusore, l'esistenza e l'utilità del bolo a onda doppia e quadra.

Nonostante tutto il suo compenso metabolico è ottimo, anche grazie al costante impegno settimanale nel salire le montagne di casa.

In macchina con noi, comodamente sdraiato nel sedile posteriore per riprendersi dalla alzataccia, c'è anche Gianfranco, medico diabetologo, al quale mi accomunano il mestiere e due grandi passioni: la montagna, e la cura della persona con diabete; Gianfranco è riuscito a vivere e a trasmettere queste passioni anche a molti dei suoi pazienti diabetici che porta spesso con sé sulle cime intorno a casa. E'in pensione da circa due anni ma ancora in piena attività sia come endocrinologo che come alpinista. Ogni tanto mi confessa che ascoltare i suoi pazienti è un insegnamento continuo, una preziosa fonte di informazioni che lo aiuta nel costruire con loro un progetto di vita col diabete. Per me è stato ed è tutt'ora un grandissimo esempio sia in campo alpinistico che diabetologico.

Il tempo buono e il traffico quasi assente ci consentirono di arrivare in orario all'appuntamento a Gressoney La Trinité, da dove la vista abbraccia tutto il massiccio del Rosa, con il ghiacciaio del Lys e le sue cime: Castore, Polluce e i Lyskamm, che saranno per due giorni la nostra palestra per l'acclimatamento alla fatica in quota. Dopo pochi minuti di attesa ecco arrivare gli altri: Aldo, indiscusso leader del gruppo, grazie alla cui caparbietà di diabetologo educatore, ed al cui amore per la montagna, siamo ancora qui, a un anno di distanza dal primo tentativo, per provare a raggiungere la vetta del Bianco. Anche se quest'anno non potrà essere dei nostri a causa di un banale incidente occorsogli ad agosto durante una via di arrampicata, il suo entusiasmo e la sua voglia di esserci gli consentiranno di vivere con noi tutta la settimana fino al giorno della salita al Bianco che seguirà dal rifugio, come Ardito Desio nel 1954 che seguì dal campo base l'impresa di Lacedelli e Compagnoni, con il drammatico bivacco in quota di Bonatti, che portò alla conquista del K2.

In macchina con lui c'è Irene, ragazza dal carattere introverso, restia a parlare di sé e del suo diabete, quasi fosse una vergogna; nel corso della settimana, anche grazie alle sedute di confronto proposte da Aldo, farà intravedere il suo carattere allegro e sensibile nel quale la gestione del diabete ancora fatica a trovare posto, con inevitabili ripercussioni sul controllo glicemico.

Poi c'è Roberto, ragazzo simpatico anche se poco avvezzo alle scalate. I primi giorni, devo ammetterlo, ero partito prevenuto nei suoi confronti sia a causa del suo vestiario e la sua attrezzatura che denunciavano la non abituale frequentazione alpinistica, sia per un'ipoglicemia inavvertita durante un delicato passaggio su corde fisse che poteva metterne a repentaglio la sicurezza. Con il passare dei giorni, conoscendolo meglio, ho dovuto cambiare idea, a conferma che l'abito non fa il monaco; ho apprezzato la sua caparbietà, la sua voglia di esserci a tutti i costi; arriverà con noi in cima al Bianco, dimostrando carattere e capacità di adattamento a condizioni non usuali per un non montanaro.

Alberto, il mio compagno di cordata nella salita al Bianco; nei giorni trascorsi insieme ci siamo accorti di avere un simile approccio psicologico al diabete, un analogo profilo glicemico, analoghi dosaggi insulinici ed analoghe reazioni allo sforzo, anche la forma fisica è simile, da cui la decisione naturale di fare cordata insieme. Gli ultimi metri prima della vetta camminati fianco a fianco, e l'abbraccio fraterno in cima, rimarranno ricordi indelebili.

Antonella, non ha il diabete ma è anche lei affetta da una malattia cronica: la sclerosi multipla. E' per tutti un esempio di forza morale e abnegazione, sempre pronta alla fatica, sempre allegra, sempre di stimolo per tutti gli altri, salirà con noi i 4.200 metri del monte Castore; purtroppo una passeggera indisposizione fisica la costringerà ad un prematuro ritorno a casa il giorno successivo. La accompagna Gianfranco, medico anche lui appassionato di maratone e corsa in montagna

Piero e Paolo le due guide del gruppo, Cortinese grande amico ed inseparabile compagno di Aldo sulle montagne del cadore il primo; Valdostano espertissimo del luogo il secondo; ci accompagneranno in tutto il percorso assicurando la nostra incolumità. La loro rassicurante presenza e disponibilità sarà per tutti noi di grande aiuto.

Alle 14:00 eravamo tutti pronti per partire. A causa della chiusura pomeridiana degli impianti, iniziammo la salita in jeep fino al colle di Bettaforca (2.700 mt slm), da lì in circa due ore di cammino e 800 metri di dislivello, arrivammo ai 3.585 metri del rifugio Sella, prima tappa del giro. In partenza Il grafico sul microinfusore indicava una glicemia di 127 mg/dl tendente a calare, così per evitare l'ipoglicemia durante la salita mangiai quattro caramelle di zucchero fondente corrispondenti a circa 20 gr di carboidrati semplici, e ridussi di circa un terzo l'infusione basale. Con questa strategia riuscii a mantenere la glicemia stabile per tutta la salita fino al rifugio Sella, la nostra meta per quella sera, situato al limitare del ghiacciaio del Felik che con le sue nevi ed i ghiacci perenni, farà da sfondo alla nostra avventura incentrata sullo studio del nostro fisico e delle sue reazioni all'esercizio in quota.

Da quella prima sera,e per tutte le altre che trascorreremo insieme, sentiremo la naturale propensione a sederci attorno ad un tavolo per condividere le difficoltà e le emozioni della giornata appena trascorsa, confrontandoci sulle migliori strategie terapeutiche ed alimentari per vivere la montagna in pieno benessere libertà ed autonomia, trovando argomenti di confronto e di stimolo per la crescita di tutto il gruppo. In quelle sere avremmo aperto una finestra sulla conoscenza di noi stessi, acceso luci sul nostro essere interiore, sul nostro metabolismo imperfetto tutto da scoprire ed interpretare.

Calò la notte, il clima mite, ed il cielo sereno di una notte di fine estate, facevano ben sperare per l'indomani, giornata dedicata alla salita del monte Castore con i suoi 4.200 metri di altezza. l'avventura era finalmente iniziata.

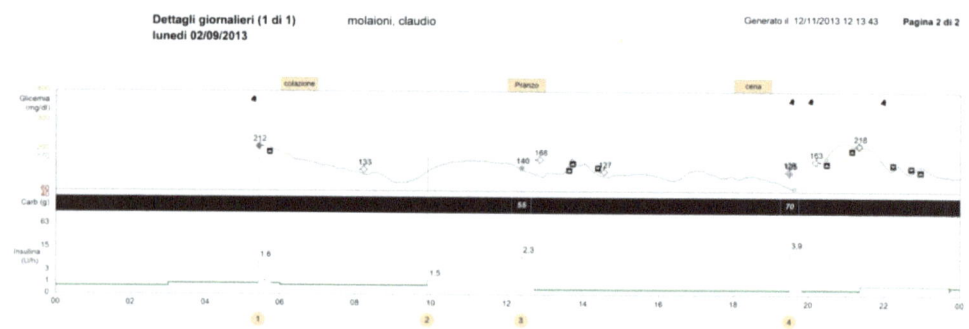

V Capitolo:

Punta Castore, 4221 mt s.l.m., buona la prima!

La cena al rifugio Sella fu allegra, con i piatti tipici dei rifugi alpini di alta quota : primo a base di pasta stracotta e minestrone, carne in umido per secondo, un budino confezionato per dessert. Quel cibo, che in altre situazioni avremmo considerato scadente, in quella atmosfera , seduti su panche di legno intorno ad un tavolaccio, con un buon bicchiere di vino rosso , si rivelò il più adatto a riempire lo stomaco, e scaldare il cuore. Fu così che cominciammo a conoscerci, a parlare liberamente del nostro diabete, di come ci eravamo preparati per la settimana che ci apprestavamo a trascorrere. La sigaretta che Roberto mi preparò con il suo tabacco dopo cena, per un fumatore occasionale quale sono, divenne un rito che da qui in avanti mi concederà tutte le sere, un motivo per uscire al fresco a guardar le stelle raccontandosi il passato e le aspettative per il futuro, una parentesi quotidiana di racconti, esperienze, frammenti di vita vissuta col diabete.

Alla sera seguì una notte travagliata: il sonno frammentato da profondi respiri alla ricerca d'aria, poi a mezzanotte il micro cominciò ad emettere allarmi di glicemia in rapida discesa, e poi di glicemia bassa prevista, erano passate cinque ore dalla cena, io mi sentivo bene, cominciai a pensare alla causa di un così rapido calo glicemico a quell'ora della notte: il bolo di insulina della cena aveva già terminato la sua azione, non avevo impostato aumenti della infusione basale, i conti non mi tornavano; non restava altro da fare che un controllo con il glucometro che rivelò un tranquillizzante valore di 137 mg/dl. Questo dato, se da un lato confermava la correttezza delle mie previsioni, dall'altro evidenziava un errore del sensore che mi teneva in ansia. Dopo aver verificato la corretta aderenza del cerotto di fissaggio, prima causa di alterate letture, cominciai a massaggiare delicatamente la cute attorno al sensore, operazione necessaria quando i valori sono molto distanti da quelli indicati a causa di una alterata e disomogenea distribuzione del liquido nel tessuto sottocutaneo dove il sensore esegue le misurazioni.

Il resto della notte passò, tra un respiro e l'altro, nel controllo dei valori glicemici che, dopo il massaggio riparatore, lentamente tornarono credibili. Alle quattro e trenta la sveglia interruppe il leggero sonno calato da poche ore sui miei occhi. Fuori è ancora buio, misuro la glicemia trovandola stabile a 130 mentre il sensore indica adesso un valore attendibile di 140 mg/dl. L'eccitazione per la giornata che mi attende, unita alla ritrovata tranquillità di un sensore glicemico funzionante e ben tarato, mi ridanno lo slancio e l'entusiasmo necessari per muovermi dal letto dopo una notte insonne.

La preparazione all'alba in un rifugio di montagna è macchinosa e frenetica: l'igiene del mattino, la preparazione e il controllo della attrezzatura devono essere fatte alla luce delle lampade frontali, nel massimo silenzio e rispetto degli altri ospiti del rifugio. Alle cinque siamo tutti seduti al tavolino, con una tazza di latte caldo zuccherato, mi preparo due fette di pane con burro e marmellata per un calcolo approssimativo di circa 65 grammi di carboidrati, il microinfusore, nella sua funzione wizard, mi consiglia le unità di insulina che scelgo di infondere ad onda doppia ovvero un tot subito ed un tot dilazionato in due ore. Ho scelto il bolo a onda doppia per avere da un lato una copertura immediata e dall'altro riuscire a ritardare e allungare il picco insulinico anche in considerazione del pasto a base di zuccheri e grassi. E' il momento di porre il micro nella custodia da cellulare che porto a tracolla sul petto, comodo sistema per tenerlo al caldo in un posto facilmente raggiungibile, riporre il pack con le insuline ed il glucometro nella tasca interna della giacca ed uscire all'aperto. Paolo, da capo guida, decide le cordate, io mi legherò con Gianfranco e Alberto. Progredire legati in cordata è una precauzione necessaria quando si cammina su un ghiacciaio dove il terreno non è mai uniforme per l'apertura di crepacci: voragini cieche profonde anche decine di metri, create dallo scorrimento incessante del ghiaccio. Gli alpinisti legati a una stessa corda affidano la loro vita nelle mani del compagno, assicurandolo a sua volta da possibili cadute; quella corda che unisce due persone, permette di riscoprire valori come la fiducia nel prossimo, il piacere della gratuità, del sacrificio e della solidarietà reciproca.

Alle cinque e trenta cominciamo a camminare, il freddo pungente ed il rumore dei passi sulla neve dura del mattino ci ricordano che siamo prossimi ai 4000 metri. Nel buio appena attenuato dalla luce delle frontali, in un silenzio irreale, odo i ramponi mordere il ghiaccio. Sono le cinque e trenta quando una tenue striscia rossa comparsa all'orizzonte annuncia l'alba colorando di rosa le cime più alte; in valle il buio regna ancora sovrano quando la prima incerta luce illumina pinnacoli, balze, cupole, cornici di cattedrali di ghiaccio che riscoperte dalla luce del mattino entrano in scena davanti a i nostri occhi nell'eterno spettacolo dell'alba.

" Sono le cinque e trenta quando una tenue striscia rossa comparsa all'orizzonte annuncia l'alba colorando di rosa le cime più alte…"

Passa un'ora, è giorno fatto, con la prima intensa luce del mattino metto via la frontale e tiro fuori gli occhiali da sole indispensabili in queste condizioni. La glicemia intanto ha raggiunto alle 7:00 il suo picco a 200 mg/dl per poi iniziare a scendere, tanto che alle 08:00 decido di mangiare 3 caramelle di zucchero e la barretta di maltodestrine che mi stabilizzerà la glicemia a valori di circa 140 per tutta la mattina. Alle 09:00 ci troviamo di fronte al ripido pendio che porta al colle del Felik, per evitare problemi di ipoglicemia durante la salita decido di abbassare ulteriormente l'infusione basale. Iniziamo la salita, il respiro si fa affannoso, devo ridurre il passo di concerto con i miei compagni, così facendo oltre a regolarizzare il respiro ridurrò anche il consumo di carboidrati a favore di quello dei grassi, stabilizzando la glicemia. Siamo arrivati in cima al colle, ci aspetta adesso una cresta affilata che necessita di un po' di attenzione ed equilibrio, la glicemia si mantiene stabile, posso quindi concentrare tutta la mia attenzione sulla salita. La sensazione ai primi passi sulla cresta è quella di camminare su una fune sospesa sul vuoto, nei suoi punti più affilati è larga circa 50 centimetri, devo mettere un passo dopo l'altro poggiando bene il piede nell'orma già formata da chi mi ha preceduto, devo cercare di mantenere un passo regolare, senza correre e senza sbilanciarmi, operazione che diviene più agevole se riesco a tenere fisso lo sguardo su un punto fermo all'orizzonte, resistendo alla tentazione di guardare i miei piedi. Dopo circa venti minuti di cammino di cresta raggiungiamo finalmente i 4.221 metri della vetta, sono le undici c'è il sole e fa caldo la vista può spaziare a 360 gradi godendo di un panorama grandioso: da questa posizione posso ammirare tutte le cime della val d'Aosta, dal massiccio del Bianco al Cervino, al Gran Paradiso, e molto più vicini i Liskamm ed il Polluce, a nord le cime del Vallese, a sud la inconfondibile piramide del Monviso si staglia all'orizzonte. Il cammino a ritorno è breve ed in un'ora e mezza siamo al rifugio dove ci aspetta Roberto, fermato questa mattina da nausea e spossatezza, segni di un leggero mal di montagna, che lo hanno costretto al riposo, nel pomeriggio, passato il malessere, appare in ottime condizioni. Quella di oggi è stata una bella gita, ce la siamo cavata tutti egregiamente, il bilancio della mia giornata si può riassumere con un buon controllo glicemico: punta massima di 200 mg/dl alle 7 del mattino e alle 15:00, la maggior parte del tempo trascorso entro i limiti glicemici. Il fisico per ora ha risposto bene, nessun problema di acclimatazione; domani ci aspetta una lunga e faticosa traversata del Monte Rosa messa in programma da Paolo per testare il nostro fisico in vista del Bianco; mancano ancora due giorni e il tempo, anche se ancora stabile è dato in peggioramento per il fine settimana, il meteo rappresenta un grosso punto interrogativo che potrebbe mette a rischio l'intera spedizione: nessuno dice niente ma la domanda è già nella testa di tutti: ce la faremo?

(Foto di: Luigi Montanaro) La cresta del Castore. " Siamo arrivati in cima al colle, ci aspetta adesso una cresta affilata che necessita di un po' di attenzione ed equilibrio…"

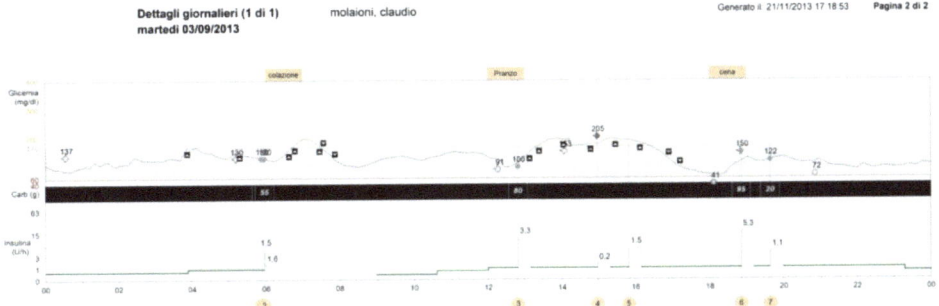

VI Capitolo:

Io e il Diabete: Una voce da ascoltare

Quella sera l'entusiasmo era alle stelle: tutto il gruppo era in eccellenti condizioni fisiche e psicologiche, il tempo splendido, il primo 4.000 raggiunto senza nessun problema. Aldo ci radunò in sala prima della cena per dare inizio al suo progetto educativo basato sull'approccio autobiografico, progetto che aveva anticipato inviandoci una mail pochi giorni prima della partenza, dove chiedeva a tutti di descrivere in poche righe il nostro rapporto con la malattia cronica. L'approccio narrativo autobiografico, è un metodo utilizzato per la cura delle malattie croniche, purtroppo ancora poco conosciuto e praticato, che permette, attraverso la libera scrittura delle proprie esperienze ed emozioni, di riscoprire, ed esplorare sotto una nuova luce, la storia della propria vita, prendendo coscienza della propria condizione. La diagnosi di una malattia cronica come il diabete, infatti, rappresenta un vero dramma per il malato e per tutta la sua famiglia poiché impone cambiamenti profondi, influenzando negativamente la qualità della vita, ridimensionando progetti e aspettative future, portando a vivere nel rimpianto di una salute irrimediabilmente perduta. Per far fronte a questo problema la persona con diabete deve affrontare un cammino impervio per vivere e fare propria l'esperienza della malattia, ponendo così le basi per riempire di nuovi significati la propria esistenza. L'approccio autobiografico sembra dunque essere un metodo efficace nell'aiutare le persone con diabete a compiere questo cammino. Grazie ad Aldo ho avuto l'opportunità di sperimentare questo metodo provando delle esperienze indimenticabili in un contesto dove medici e diabetici hanno vissuto insieme emozioni forti, si sono legati in cordata, ognuno affidando la propria vita nelle mani dell'altro, creando l'ambiente ideale che ha permesso a tutti di vedere e vivere il diabete da una prospettiva diversa.

Ecco il manoscritto che inviai ad Aldo pochi giorni prima della partenza:

" 30 agosto 2013 Qual è il mio rapporto con la malattia cronica.

Caro Aldo rispondere a questa domanda in mezza pagina è complicatissimo, dovrei parlare di cosa ha significato per me il diabete in questi 28 anni, parto però da un presupposto: io malato non mi ci sono mai sentito, una volta superato lo stordimento iniziale dopo la diagnosi, capii che non avrei potuto vivere una vita intera in trincea combattendo contro la malattia , d'altra parte, non avrei potuto neanche trascurare il diabete, per cui passata una fase di iniziale contrapposizione alla malattia, raggiunsi la consapevolezza che se il mio fisico mi obbligava a controllare la glicemia più volte al giorno, fare l'insulina prima di ogni pasto, calcolare sempre tutto quello che mangiavo, avrei dovuto considerate queste come delle regole da seguire, né più ne meno che il doversi alzare tutte le mattine, farsi la barba prima di uscire di casa, andare tutti i giorni a lavoro. Le prime erano regole che mi permettevano di continuare la vita biologica, mentre le altre erano regole necessarie per vivere in mezzo alla gente; vivere era il comune denominatore, era la necessità che sentivo di voler soddisfare a tutti i costi. Questa riflessione fu l'inizio di un cammino che mi ha portato a capire che il diabete non era una malattia venuta dall'esterno, né un invasore da scacciare, ma una parte di me che chiedeva di essere ascoltata; io ero il mio Diabete, e lui una parte di me, le sue regole dovevano diventare le mie regole ed il riuscire a seguirle sarebbe stato il modo migliore di rispettare me stesso, di volermi bene, non in senso egoistico né narcisistico, ma imparando a conoscere e valorizzare la mia parte migliore. Volevo fortemente riappropriarmi della mia vita potendo cogliere tutte quelle opportunità che credevo precluse dalla malattia. Con il passare degli anni ho capito che il diabete non poteva essere curato da altri meglio che da me, che dovevo riuscire trovare il coraggio di fare un passo in avanti, acquisire autonomia, diventare, in una parola, protagonista della mia salute; ho capito anche che voi diabetologi, caro Aldo, dovevate fare un passo indietro, mettervi al nostro livello, lavorare al nostro fianco da partner non protagonisti, perché nessuno meglio di noi può arrivare a capire quali sono le nostre esigenze, e nessuno meglio di voi potrà accompagnarci in questo difficile cammino alla scoperta di noi stessi. Per arrivare a questo punto ci ho messo più di venti anni e per fortuna ancora non mi sento arrivato.

Arrivederci a presto. Claudio. "

Dagli scritti di tutti, letti da Aldo quella sera, trasparivano un sentire comune, simili emozioni, stessi timori e speranze per il futuro. Quelle letture ebbero il merito di avvicinarci, di abbattere quelle barriere dovute alla scarsa conoscenza, alle differenze geografiche e culturali, eravamo uomini e donne, veneti, romani, trentini, abruzzesi, valdostani e tirolesi; medici, insegnanti, impiegati, operai, guide alpine, ma da quella sera avremmo parlato tutti la stessa lingua; esperienze di vite vissute sarebbero riapparse con i nostri racconti, integrandosi e amalgamandosi con quelle degli altri, arricchendo il nostro sapere; avremmo imparato a vivere nel migliore dei modi il nostro essere imperfetti.

Quella sera andai a dormire sfinito, gli occhi e la mente saturi di luce colori ricordi ed emozioni. L'indomani ci aspettava una lunga traversata in quota. Il sonno mi colse improvvisamente, non lasciandomi neanche il tempo di un ultimo controllo della glicemia.

VII Capitolo:

Fragilità umana e natura: Un binomio profondo

La notte in un rifugio alpino inizia alle nove e trenta, nelle camerate gli alpinisti si sdraiano sulle brande, le voci diventano bisbigli sussurrati in tante lingue diverse, a rimarcare il valore universale e cosmopolita dell'alpinismo, passione che porta persone sconosciute a spendere cifre considerevoli per dormire fianco a fianco su letti di fortuna, quando anche non su tavolacce di legno, sentendosi come al Grand Hotel. Intanto, fuori dal rifugio, tacciono i generatori, si spengono le luci e il silenzio assoluto della notte d'alta montagna riprende il suo dominio naturale sul territorio. Nella nostra camerata di diabetici e diabetologi la notte è scandita dal continuo ripetersi degli allarmi dei microinfusori: una sinfonia dai toni alti o bassi, a seconda del valore in salita o discesa delle nostre glicemie, che ci accompagnerà tutta la settimana. Quella notte, a causa della stanchezza e del sonno, avevo tralasciato di tarare il sensore, andai a dormire tranquillo, fidandomi della misurazione del momento che indicava valori glicemici stabili in leggera salita. Alle due di notte mi svegliai di soprassalto in preda ad una crisi di fame, la fronte imperlata di sudore, cercai a tastoni il glucometro disperso tra le coperte, che confermò il mio sospetto: ipoglicemia. Il sensore invece, a dispetto del mio stato, indicava ancora un tranquillizzante valore di 150 mg/dl, a conferma che saltare anche una sola taratura in presenza di valori glicemici altalenanti può portare a misurazioni falsate. Col tempo ho imparato a non accettare passivamente il valore indicato dal sensore, ma al contrario l'ho considerata una ipotesi sempre da verificare, da confrontare con le mie sensazioni, portando a supporto la conoscenza della mia sensibilità insulinica nelle diverse ore della giornata, e quella delle quantità di carboidrati grassi e proteine assunti con il cibo. Nonostante queste certezze, in ventisei anni di diabete ho capito come il riuscire a tenere costantemente sotto controllo tutte le variabili individuali, psicologiche ed ambientali, sia una vera chimera, un'utopia; a volte sfuggono dei dettagli fondamentali, per distrazione o estrema stanchezza come in questo caso, altre volte l'errore può nascere dalla necessità di distogliere lo sguardo da sé, guardare altrove per non pensare ad una malattia che sentiamo come un peso insostenibile; credo che questi siano momenti da accettare, fenomeni ciclici, naturali come un temporale estivo, durante il quale ripararmi alla meglio aspettando che torni il sereno; sono momenti difficili ma indispensabili per poter rigenerare le forze e riavvicinarmi alla gestione del diabete, ovvero della mia vita, con rinnovato vigore. Raccolsi dunque le forze ed allungai la mano verso la scatola con le caramelle posta sul comodino, mi bastarono 3 caramelle di zucchero con i loro 15 grammi di carboidrati, per alzare la glicemia di quel tanto per calmare la fame e riprendere il sonno bruscamente interrotto.

Alle quattro e trenta suona la sveglia, la vita nel rifugio prende lentamente ad animarsi, si scende dalle brande alla luce delle frontali, ci si veste al buio. Per tutto il rifugio si propaga un gran trambusto, alle voci afone degli ospiti si sostituisce ben presto il tonfo degli scarponi ed il tintinnio metallico di chiodi e moschettoni. La mia glicemia adesso è di 77 mg/dl, valore che in previsione di una giornata impegnativa giudico soddisfacente: preferisco infatti svegliarmi al mattino con valori di glicemia non troppo alti in modo da poter decidere la migliore strategia alimentare per la giornata senza dover ricorrere a correzioni del dosaggio che se sbagliate mi esporrebbero al rischio di ipoglicemia durante la salita. Per colazione scelsi la collaudata formula del pane burro e marmellata con un bolo ad onda doppia già testato in altre occasioni. Al momento della partenza la glicemia in rialzo mi dava tranquillità; avevo indossato imbrago e ramponi, mi ero legato in cordata con Luigi e Roberto sotto la guida di Piero; il tempo di ridurre la velocità basale ad un terzo del normale, come mia abitudine alla partenza per una escursione, e partii per la seconda giornata tra i ghiacci della Valle d'Aosta. Oggi avremmo attraversato i ghiacciai del Felik e del Lys per salire poi il naso del Lyskamm, ridiscendere dal versante opposto fino al rifugio Mantova ed ancora più giù al passo dei Salati dove la funivia ci avrebbe riportato al parcheggio di Gressoney; un itinerario scelto da Paolo per testare il nostro grado di allenamento in previsione della salita che ci attendeva tra un paio di giorni. Partimmo col buio delle cinque puntando al ghiacciaio ed al naso del Lyskamm che con il suo muro quasi verticale rappresentava l'unica vera difficoltà alpinistica della giornata. il cielo era terso, l'alba ci aveva appena regalato un nuovo spettacolo di luci e colori in divenire. Le prime difficoltà arrivarono dopo circa un'ora dalla partenza quando Antonella si dovette fermare: il viso pallido e sudato, il battito cardiaco accelerato, denunciavano la presenza di uno stato di malessere profondo, il mal di pancia l'aveva tormentata tutta la notte costringendola più volte alla ritirata. Paolo, vedendola prostrata e non più in grado di proseguire, decise di chiamare soccorsi, in attesa dei quali, la sdraiammo sulla neve e la coprimmo con le nostre giacche; pochi minuti dopo l'elicottero della efficientissima organizzazione del Soccorso Alpino valdostano già volava nella valle; adagiandosi sul ghiacciaio, caricò la sfortunata Antonella e si rialzò in volo diretto all'ospedale di Aosta. Continuammo così la salita con il cuore afflitto dalla preoccupazione per le condizioni della nostra compagna. Avevamo di fronte una parete ripida di neve dura da salire in punta di ramponi, ovvero piantando nella neve non la suola ma solo le due punte anteriori. Tenendo tutto il peso del corpo appeso a quelle punte, la prima sensazione è di precaria instabilità, col timore che la neve possa cedere improvvisamente facendomi precipitare nel vuoto; sento gravare tutto il peso del corpo sui polpacci che per la tensione diventano incandescenti, la tensione è massima; il fragore dell'elicottero che si allontana dalla valle portandosi via Antonella, aumenta ulteriormente il senso di insicurezza; l'unica speranza che dà forza alle gambe e al cuore è il pensiero della vetta vicina, sotto i piedi ho una parete verticale di ghiaccio e rocce che non mi concede distrazioni. All'improvviso il sole fa capolino dalla vetta regalandomi calore e coraggio, comincio così a trovare ritmo e gusto nella salita, le gambe si muovono con più sicurezza sul muro verticale, i miei occhi che sul verticale si trovano a pochi centimetri dalla parete nevosa, vengono accecati da mille colori e giochi di luce; poi la pendenza si attenua rendendo la salita più agevole, pochi minuti dopo sono in vetta, a 4100 metri, fa talmente caldo da stare anche senza giacca. In pochi minuti il gruppo si ricompatta, controllo la glicemia in previsione di un rialzo dopo uno stress breve ma intenso come quello appena vissuto che puntualmente si verifica. La presenza del sensore ben tarato ed efficiente mi dà la tranquillità e la fiducia necessaria per osservare l'andamento glicemico ed intervenire tempestivamente se necessario.

Dopo una breve sosta iniziammo una difficile discesa a causa delle condizioni ambientali: il caldo, in una conca innevata al riparo dal vento, non concedeva tregua, cominciai a sudare copiosamente, le gambe divennero pesanti; quella discesa al rifugio Mantova, dove arrivai alle 14:00 con i muscoli contratti e dolenti, fu un vero calvario, c'era qualcosa di anomalo e preoccupante nella mia stanchezza, la glicemia era stabile su valori di circa 100 mg/dl, sentivo tanta sete ed il bisogno di riposare. Imparerò a mie spese che il malessere di quel giorno, simile a quello che mi sorprenderà sul Bianco in prossimità della vetta due giorni dopo, era legato alla mancanza di liquidi e sali minerali, persi con il sudore e la respirazione. Dopo una rigenerante sosta al rifugio Manotova, continuammo la discesa fino all'impianto che dal colle dei salati ci avrebbe riportato al parcheggio di Gressoney.

Durante la discesa in funivia Aldo chiamò Antonella in ospedale che ci tranquillizzò sul suo stato di salute assicurando la sua presenza per cena. Con il cuore leggero per la bella notizia, continuammo a scendere osservando in silenzio sua maestà il Bianco, che alla stregua di una capricciosa prima donna aveva anche oggi concesso i suoi fianchi ai molti che, approfittando di un'altra meravigliosa giornata di sole, ne avevano scalati i pendii accarezzandone le forme. La vetta, immacolata nella luce del tramonto, era stata anche oggi raggiunta da decine di alpinisti, alcuni di loro, date le eccezionali condizioni climatiche, vi si erano addirittura lanciati col parapendio. Noi non potevamo fare altro che contare le ore che ci dividevano dal gran giorno, nella speranza che la prima donna non decidesse improvvisamente di negarsi, coprendo con una coltre di nubi il suo corpo candido.

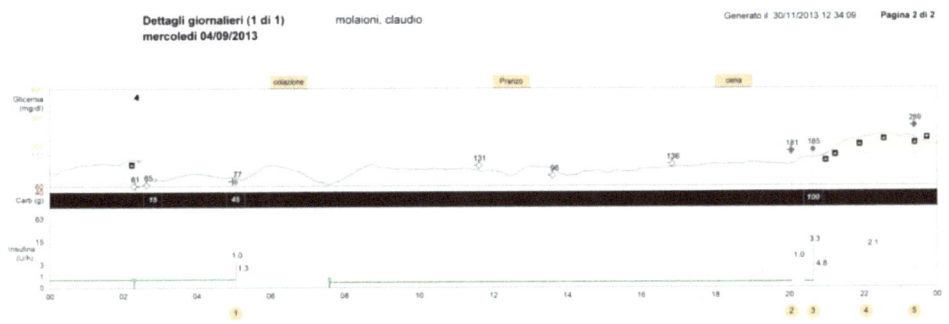

(Foto di: Piero Bosetti) La salita con piccozza e ramponi del naso del Lyskamm. "Tenendo tutto il peso del corpo appeso a quelle punte, la prima sensazione è di precaria instabilità...

VIII Capitolo:

La discesa a valle, atmosfere familiari

Ho sempre vissuto le discese a valle dal ghiacciaio, dopo giorni in quota tra neve e ghiaccio, come un passaggio da un mondo monocolore, ad uno pieno di colori, suoni e profumi diversi: scendendo dalla funivia il verde dei prati d'erba appena tagliata, l'odore di legna nei boschi, i balconi ornati da fiori coloratissimi, lo scrosciare impetuoso dell'acqua, rivitalizzata dopo la lunga immobilità nei ghiacciai, mi investirono come una ventata di aria fresca regalandomi la piacevole sensazione del ritorno in un luogo conosciuto ed amico. Arrivato al parcheggio, indossai dei vestiti puliti ed asciutti lasciati all'uopo nella macchina, ritrovai i miei sandali, togliendo i pesanti e scomodi scarponi da ghiaccio. In cima ai miei desideri, dopo tre giorni di lavaggi parziali con l'acqua gelata del rifugio, c'era però una lunga doccia calda, che mi concessi non appena arrivati all'albergo dove passeremo la notte.

Sono trascorsi solo tre giorni dalla partenza, e a me sembra un'eternità, come se il susseguirsi di sensazioni ed emozioni forti ed il cambiamento radicale di clima ed ambienti avesse dilatato il tempo.

Aldo aveva prenotato per l'occasione un albergo a Morgex dove ci aspettavano dei nuovi amici che si sarebbero aggiunti al gruppo: Leonardo, accompagnatore non diabetico, fisico atletico e prestante, dietro una facciata da simpatico sbruffone romano, rivela un carattere quadrato ed una ferrea disciplina militaresca; stupirà tutto il gruppo per la tenacia e la forza di volontà che dimostrerà arrivando in cima al Bianco nonostante alcuni problemi fisici durante la salita. Gianni , grande alpinista e scialpinista, geologo, diabetico, vive e lavora in montagna, parla apertamente con tutti del suo diabete, ama condividerne i successi e le sconfitte; carattere gioviale ed allegro, si troverà subito a suo agio con tutti noi, da alpinista preparato ed esperto, aiuterà Leonardo, in difficoltà a metà salita, permettendogli di superare un momento critico sul muro del Maudit, e continuare fino in vetta. Edoardo, il più anziano all'anagrafe, il più vivace del gruppo, 71 anni di pura energia ed entusiasmo. Cura il suo diabete con parsimonia ed attenzione, mantenendo un ottimo controllo glicemico anche grazie alla grande passione che lo porta a salire le montagne con l'entusiasmo di un bambino ad una gita. Parteciperà con entusiasmo ed interesse a tutte le discussioni sul diabete; condividere le emozioni ed i problemi dei diabetici sembra essere per lui una graditissima novità.

A cena parlammo e ci confrontammo a lungo, anche Antonella, dopo la giornata passata in ospedale, appariva allegra ed in buona salute, nascondendo la sua delusione dopo la prudente decisione di rinunciare alla salita al Bianco a causa del malore del mattino. Quella sera ci furono servite delle prelibatezze tipiche valdostane, tanto buone quanto difficili da gestire con il dosaggio insulinico: avevo stimato un conteggio approssimativo di circa 100 grammi di carboidrati scegliendo di infondere un bolo ad onda doppia, avevo anche incrementato la basale notturna per tentare di tenere sotto controllo lo sviluppo glicemico dovuto alla aumentata resistenza insulinica generata dai grassi; azioni che a qualche ora di distanza dalla cena si dimostrarono comunque poco efficaci poiché la glicemia cominciò inesorabilmente a salire. Fidandomi delle indicazioni del sensore glicemico ben tarato, e giudicando verosimile il rialzo, praticai due boli di correzione, uno alle 22:00 ed uno alle 4.00 del mattino, grazie ai quali arrivai alla colazione con un soddisfacente valore di 124 mg/dl.

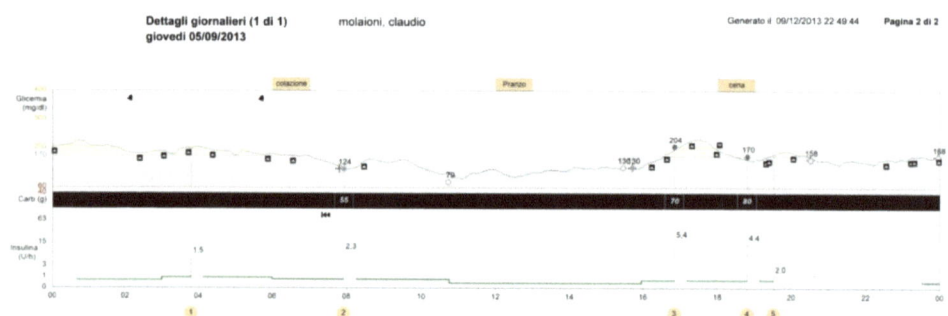

IX Capitolo:

L'incontro col Bianco tra sogno e realtà

Partimmo dall'albergo alle dieci del mattino successivo, diretti alla funivia del Mont Blanc che ci avrebbe riportato in quota ai 3.300 metri del rifugio Torino, ultima propaggine italiana nel massiccio del Monte Bianco. Il percorso di oggi prevedeva di percorrere la Vallée Blanche, il grande ghiacciaio posto nel cuore del massiccio, da attraversare con cautela per la presenza di imponenti crepacci e alcuni pericolosi seracchi, per arrivare in territorio francese, al rifugio des Cosmiques posto alle pendici della Aiguille du Midi a 3600 metri di quota.

La funivia che porta al rifugio Torino dal versante italiano, una scatola metallica dall'aspetto trasandato, dimostra tutti i suoi 65 anni di età; è in grado di portare poche decine di persone alla volta con inevitabili code in salita. Salendo vediamo il cantiere della nuova funivia in costruzione, un avveniristico impianto di vetro e acciaio che dovrebbe superare in confort e bellezza, quella che dal versante francese porta all'Aiguille du Midi. Per oggi ancora saliremo in una cabina logora, dai vetri graffiati dagli anni e dalle intemperie che impediranno per tutto il tragitto di guardare fuori, cosicché, una volta arrivato in cima, fui sorpreso da un panorama che mi lasciò letteralmente senza fiato. Le cime sognate decine di volte da ragazzo, ammirate solo dalla valle, o dal finestrino di un aereo, si mostravano adesso in tutta la loro eleganza: Il dente del Gigante, sperone granitico puntato verso il cielo, con la splendida ed affilatissima cresta di Rochefort alla mia destra, il ghiacciaio della Vallèe Blanche davanti a me, e molto più in alto, sulla sinistra, il Mont Blanc du Tacul , il Mont Maudit, il colle della Brenva, e più su ancora, ad un passo dal cielo, la vetta del Bianco. I nomi di quei monti letti e riletti decine di volte sui libri di Walter Bonatti, il prestigioso alpinista scrittore, deceduto all'età di 81 anni nel 2011 dopo aver scritto la storia dell'alpinismo moderno, avevano accompagnato, come numi tutelari, le mie prime esperienze in montagna. Quei nomi e le mille fantasie che li accompagnavano, per un ragazzino appassionato di montagna quale ero, rappresentavano un obbiettivo tanto desiderato quanto irraggiungibile per l'epoca; quei sogni, desideri dimenticati con il passare degli anni nel cassetto dei ricordi, si erano adesso improvvisamente materializzati davanti ai miei occhi lasciandomi attonito, rapito dalla grandiosità di questo spettacolo della natura definita, non a torto, l'ottava meraviglia del mondo. Non saprei dire per quanto tempo rimasi immobile, incantato davanti a tanta bellezza, sentivo che stavo per varcare la soglia di in un mondo nuovo, un mondo in cui Claudio adulto, medico, responsabile padre di famiglia, avrebbe potuto finalmente ritrovare il Claudio ragazzo, sognatore ad occhi aperti, che fantasticava di ripercorrere col suo ardore giovanile e la poca esperienza dei suoi 16 anni, le imprese alpinistiche del grandissimo Walter, che in quel momento mi guardava dal cielo sorridendo, invitandomi ad entrare in un mondo magico, a fare un bilancio della mia storia, tra passato e presente, guardando al futuro.

Entrai in quel mondo con timore quasi reverenziale, camminando adagio ma senza ripensamenti, deciso a vivere una avventura tra sogno e realtà, che avrebbe cambiato la mia vita.

il mont blanc du Tacul, il mont Maudit, il colle della Brenva, e più su ancora, ad un passo dal cielo, la vetta del Bianco...si erano adesso improvvisamente materializzati davanti ai miei occhi lasciandomi attonito, rapito dalla grandiosità di questo spettacolo della natura

X Capitolo:

L'attesa, l'impazienza, la paura

Cominciai così a camminare in compagnia dei miei ricordi. Dopo un breve tratto pianeggiante il terreno si fece tormentato alternando ripide discese ad altrettanto ripide risalite dalle viscere del ghiacciaio. Passammo tra pareti composte da strati di ghiaccio sovrapposti, alte decine di metri, reperti preziosi di un mondo che non esiste più.

Il gruppo procedeva compatto, superate le prime frastagliate asperità, il terreno divenne più regolare; la presenza di profondi crepacci obbligava adesso a passare sulla destra orografica della valle, in una zona a rischio per la caduta di neve e ghiaccio. Passato con naturale apprensione questo passaggio, risalimmo un colle dal quale si poteva vedere il rifugio des Cosmiques, costruito su uno scoglio roccioso in un mare ghiacciato alla quota di 3.600 metri, dove passeremo l'ultima notte prima della salita. Da lì partiremo domani alle prime ore del mattino, percorrendo una delle vie normali, la via dei Trois Mont Blanc, per arrivare in circa sei ore di cammino e 1.600 metri di dislivello verticale, ai 4810 metri della cima del Monte Bianco. Il percorso non faticoso e l'avvistamento del rifugio avevano risollevato il morale del gruppo che adesso si muoveva, ordinato in due cordate rettilinee, su un terreno ghiacciato pianeggiante. Eravamo ormai a poche centinaia di metri dal rifugio quando un boato improvviso alle nostre spalle sorprese e fermò i nostri cuori, ci voltammo in tempo per assistere alla caduta di un enorme seracco: un blocco di ghiaccio che dal versante estremo del ghiacciaio si staccava precipitando a valle. E' un fenomeno normale a queste quote dove il ghiaccio con la sua lenta ma continua progressione, incontrando un cambio di pendenza del terreno, si sporge nel vuoto fino a fratturarsi e cadere in blocchi grandi come macigni.

Il rumore che accompagna questi naturali distacchi è terrificante, simile ad un tuono ma con la solidità di tonnellate di ghiaccio che, senza nessun preavviso, piombano sulla neve sottostante. "Benvenuti sul Bianco" fu il commento di Paolo, profondo conoscitore delle severe leggi di questa montagna, dove il distacco improvviso di seracchi a qualsiasi ora del giorno e della notte, e la presenza di profondi crepacci nascosti alla vista da sottili ponti di neve, rappresentano dei pericoli costanti che rendono questo un terreno infido e pericoloso per gli uomini che vi si muovono; un terreno dove cautela esperienza e conoscenza del territorio risultano essere fattori vitali. Assistendo attoniti a questo terrificante spettacolo della natura ci sentiamo improvvisamente indifesi,come naufraghi sopra un mare di ghiaccio, al cospetto di pareti alte come palazzi di 10 piani, pronti a crollare da un momento all'altro, che ci ricordano come la vita sia un processo in continua trasformazione, un eterno mutare di forme e realtà di fronte alle quali l'uomo, abituato a sentirsi dominatore della natura, si ritrova confuso, spaesato, inerme. Questo doveva essere il sentimento dei sopravvissuti alla tragedia dello scorso anno quando il distacco improvviso di un enorme blocco di ghiaccio staccatosi da seracchi pendenti su quella che domani sarà la nostra via di salita, travolse alcune cordate causando una valanga con il tremendo bilancio finale di nove vittime e 11 feriti. In quel mattino del luglio 2012, le condizioni climatiche sembravano ideali, più di 40 cordate erano già impegnate nella salita, nulla si sarebbe potuto fare per prevedere, e quindi evitare, il disastro.

Nonostante il ripetersi di questi tragici eventi, noi alpinisti, decidiamo di frequentare questi territori, di passare ancora sotto quei muri pericolanti, consapevoli del rischio che stiamo correndo, confidando nella generosità della natura, o nella preghiera ad una entità superiore, affinché trattenga ancora quella massa di ghiaccio in precario equilibrio sopra le nostre teste. Questa volontaria esposizione al pericolo, agli occhi di un non alpinista potrà sembrare folle: quale forza ci spinge ad affrontare dei rischi del genere senza esserne obbligati? Eppure noi cittadini, abituati alle comodità ed al clima costantemente controllato delle nostre case, e delle nostre autovetture sempre più grandi e confortevoli, nelle quali viaggiamo ritenendoci al sicuro da ogni pericolo, corriamo ogni giorno rischi ben maggiori senza averne la percezione. Basta infatti sfogliare le pagine di un quotidiano per trovare notizie di sciagure mortali in incidenti stradali o domestici, anche questi imprevedibili nella loro casualità, ma molto più frequenti degli incidenti in montagna. L'uomo cittadino rischia e muore tutti i giorni in casa, nel traffico, o sul lavoro, senza pregare, senza prepararsi, senza affidare a nessun dio la sua quotidiana esistenza. L'alpinista è invece consapevole dei rischi che corre, non è un matto votato alla morte, adotta quasi sempre le più concrete e moderne misure di protezione; L'alpinista vuole vivere, e sceglie di farlo tenendo in mano il proprio destino, consapevole della propria fragilità, scegliendo quali rischi correre, che direzione dare alla sua vita, imparando a conoscere e rispettare sé stesso e la natura che lo circonda. Per noi diabetici, poi questa passione assume un significato ancora più alto: vivere la montagna in sicurezza vuol dire arrivare a conoscere a fondo noi stessi ed i complessi meccanismi del nostro metabolismo per riuscire ad utilizzare al meglio le nostre limitate risorse; questa fatica, questo impegno continuo possono cambiare il nostro modo di vivere il diabete, trasformando quello che dagli altri, i "sani", è visto come un handicap, in una opportunità di crescita e di miglioramento continuo, che consente di avere quella marcia in più per gestire la nostra condizione serenamente e consapevolmente, potendo arrivare in cima al Bianco, o dovunque ci spingano i nostri desideri, in totale autonomia, facendo affidamento sulle nostre capacità.

Arrivammo così al rifugio des Cosmiques. Quel pomeriggio nel gruppo il clima non era sereno e disteso come i giorni precedenti, si avvertiva una sensazione di vigile attesa, la tensione iniziava a farsi sentire, diventare palpabile. Mancavano ormai solo poche ore al momento per il quale ognuno di noi in questi mesi si era allenato duramente, aveva lottato e alla fine, credo, migliorato sé stesso. Dopo cena Paolo decise le cordate per l'indomani: faremo gruppi da due accompagnati da una guida appositamente fatta salire da Courmayeur, io salirò con Alberto, Gianni con Leonardo, Edoardo con Roberto, Gianfranco con Irene, Luigi salirà da solo con la sua guida, Aldo attenderà il nostro ritorno al rifugio.

E' arrivata la sera che precede il gran giorno, nel rifugio c'è un gran fermento, tutti gli ospiti sono intenti nei preparativi. In questo contesto di febbrile attesa, sento il bisogno di isolarmi, stare da solo per raccogliere le idee, per ritrovare nel silenzio le motivazioni che mi hanno spinto fin qui. Esco sulla terrazza del rifugio, fuori è buio ed il freddo si è fatto pungente. Mi ritrovo a guardare la montagna divenuta nel frattempo una enorme ombra scura; in un silenzio fatto di concentrazione ed introspezione, ascolto e meditazione; in preparazione ad una salita che non rappresenta solo la scalata di un monte, ma un confronto con me stesso, con i miei limiti e le mie paure: la paura di non farcela, di non riuscire a dosare le forze, la paura che il maltempo ci sorprenda sulla via, la paura di concludere sulla neve la mia esistenza travolto dal distacco di un seracco. Un nodo mi stringe alla gola, la paura mi attanaglia , so che solo nel silenzio troverò la calma necessaria per continuare a credere nella mia avventura alla ricerca della felicità; ma ho freddo e si sta facendo tardi, dopo un'ultima occhiata di intesa con la montagna, rientro con gli altri a prepararmi.

Sulla terrazza del rifugio des Cosmiques la sera del 5 settembre 2013"... In questo contesto di febbrile attesa, sento il bisogno di isolarmi, stare da solo per raccogliere le idee, per ritrovare nel silenzio le motivazioni che mi hanno spinto fin qui...".

XI Capitolo:

L'ora del confronto

La sera di quel 5 settembre la glicemia era insolitamente alta a causa della stanchezza accumulata e dell'avvicinarsi della partenza, fattori che la manterranno al di sopra dei limiti per tutta la giornata successiva, a conferma che nell'alpinismo in quota, i principali problemi per un diabetico non derivano tanto da un calo degli zuccheri, quanto dall'iperglicemia dovuta allo stress fisico e mentale, fattori che rendono necessario gestire con grande attenzione le dosi di insulina per evitare che le conseguenze clinico-metaboliche dell'iperglicemia possano compromettere la sicurezza della salita.

Quella sera prima di mettermi in branda, pensavo a ciò che sarebbe successo di lì a poche ore, immaginavo che la fatica ed i muscoli intorpiditi dal freddo e dall'inattività, si sarebbero fatti sentire sul primo ripido muro per arrivare alla spalla del Mont Blanc du Tacul; e sull'ultimo, quello che dal colle della Brenva porta alla vetta, gli ultimi 500 metri di passione dove la quota e la stanchezza muscolare avrebbero preso il sopravvento. Avrei dovuto cercare di procedere con il mio passo, dosando le forze per mantenere poi sufficiente freschezza e lucidità per la discesa. Sapevo che avrei potuto rilassarmi e gioire per la conquista della vetta, qualora la avessimo raggiunta, solo quando saremmo ritornati tutti al rifugio; fino ad allora avrei dovuto mantenere concentrazione e forze necessarie per far fronte, anche in veste di medico del soccorso alpino, ad ogni evenienza mia e dei miei compagni.

Ci mettemmo nelle brande alle venti, la sveglia era prevista a mezzanotte; avevo davanti 4 ore di riposo durante le quali non sarei riuscito a chiudere occhio. Accanto a me Gianfranco dormiva tranquillamente, merito della grande esperienza alpinistica e del provvidenziale aiuto delle sue pillole sedative.

La sveglia di mezzanotte, lungamente attesa, arrivò a liberarmi dalla immobilità alla quale ero costretto da quattro ore; mi vestii in fretta e scesi per la colazione; la glicemia si manteneva alta: 180 mg/dl, decisi allora di mangiare il mio solito panino con burro e marmellata e di infondere, diversamente dagli altri giorni nei quali partivo con la glicemia più bassa, un bolo rapido, più maneggevole dei boli ad onda quadra o doppia dei giorni precedenti, per far fronte ad una iperglicemia da stress, da trattare in modo più aggressivo, per evitare problemi da picco iperglicemico nella prima ora di salita. Avevo programmato di ridurre l'infusione basale al 30% del normale fabbisogno, per poi rialzarla al 50% durante la discesa, quando di norma il mio fisico richiede più insulina. All'una e trenta siamo tutti pronti, Paolo sembra nervoso, probabilmente sente la responsabilità di fare la guida di un gruppo di diabetici; ha avuto solo tre giorni per conoscerci e osservare le nostre capacità fisiche ed alpinistiche; fin qui ha organizzato le giornate di avvicinamento in modo impeccabile confermando di essere una delle guide più esperte del Monte Bianco. Per l'ultima salita ha fatto arrivare tre colleghi da Courmayeur, in modo che ognuno di loro si porti con sé due di noi: io ed Alberto saliremo con la guida Philippe, Edoardo e Roberto saliranno con Alessandro, Leonardo e Gianni con Piero, Gianfranco e Irene con Paolo, Luigi, il più in forma del gruppo, salirà da solo con Nicolas. E' arrivato il momento tanto atteso della partenza, fuori dal rifugio si è alzato un gran vento che ha abbassato di molti gradi la temperatura, chiaro segnale di un imminente cambiamento del tempo; il cielo si mantiene sereno, in un rapido briefing con le guide Paolo decide che arriveremo tutti alla spalla del Mont Blanc du Tacul per decidere in base alle condizioni meteo se continuare per la vetta o ritornare al rifugio. Cominciammo così la salita, appena messo piede sul ghiacciaio, il vento, obbedendo a chissà quale disegno, smette di soffiare costringendoci a togliere la giacca imbottita. Partiamo tutti con andatura cauta tranne Luigi che scatta subito in avanti come fosse in gara, divorato da chissà quale fretta di arrivare.

Lasciato alle nostre spalle il rifugio ed il primo tratto pianeggiante sul ghiacciaio, arrivano le prime difficoltà, la salita si fa subito dura, i primi tremendi 500 metri di dislivello sono durissimi, non riesco a trovare il passo giusto per salire regolare, rilassare il respiro, rompere il fiato. Mi rendo conto che per arrivare in vetta dovrò riuscire a trovare il mio passo per rallentare il battito cardiaco e portarlo su ritmi aerobi. Dopo un'ora di marcia tutta in salita arriviamo alla prima sosta: un balcone di ghiaccio, un ostacolo naturale alto circa 4 metri al quale è appoggiata una provvidenziale scala metallica messa lì allo scopo di agevolare la salita. Superato l'ostacolo riprendiamo il cammino senza più soste fino alla pianeggiante spalla del Tacul. Abbiamo raggiunto il primo dei tre Mont Blanc, il tempo rimane sereno, nel cielo una miriade di stelle di una brillantezza inusuale punteggiano il cielo, non c'è vento, decidiamo di continuare. Dopo una breve discesa, arriva il temuto e obbligato passaggio sotto i seracchi, arriva il momento del confronto con i primi veri pericoli di alta Montagna e con le mie umanissime paure; è arrivato anche il momento di scegliere se affrontare un rischio tanto grande quanto imprevedibile per arrivare in vetta, o decidere di tornare indietro, rinunciare. Philippe e Alberto procedono apparentemente tranquilli, come se nulla fosse, sembro l'unico dei tre ad avere questi timori. Non posso fare altro che fidarmi della loro sicurezza per affrontare la montagna e le mie paure. In quegli interminabili minuti di cammino, alla luce delle frontali, nell'immobile silenzio delle 3 del mattino, parlavo con me stesso, tentando inutilmente di raccogliere le idee, forse pregavo, attento a percepire ogni minimo rumore che rompesse il silenzio glaciale, pur sapendo che il distacco di un blocco di ghiaccio dal seracco non avrebbe lasciato scampo. La agitazione mi portava ad accelerare il passo, che poi rallentavo in un continuo tira e molla, per non finire addosso a Philippe che mi precedeva col passo regolare delle guide, camminando senza nessun apparente timore sotto quelle tonnellate di ghiaccio sporgenti sopra le nostre teste. Passarono così i minuti, camminando col cuore in gola nel timore di una tragedia che non avvenne. Solo adesso, a distanza di mesi, mi rendo conto che in quei momenti il mio pensiero, impreparato ad affrontare razionalmente l'idea della morte, era fuggito altrove, in un non-luogo in cui il tempo, e la vita con esso, rimanevano punti interrogativi sospesi nel nulla. Poi, in questo mondo in cui la fine è l'unica inevitabile soluzione di ciò che ha avuto inizio, dopo un ultimo tratto ripido, mi ritrovai su una larga cengia sotto il muro del Maudit, punto di sosta per le cordate che attendono il loro momento per salire. I seracchi erano alle mie spalle, anche questa volta avevano osservato, immobili guardiani, il passaggio di decine di alpinisti che avevano volontariamente deciso di rischiare la vita; decine di alpinisti che sarebbero ritornati alle loro case raccontando con trasporto di quei momenti in cui il tempo sembrava correre ad un'altra velocità. Nella attesa del nostro turno la mia mente riprese il comando sul corpo. Ci aspettava il tratto tecnicamente più impegnativo di tutta la salita: un muro di circa 50 gradi di inclinazione da superare arrampicando con piccozza e ramponi. La salita è breve, non più di 60 metri, con due tiri di corda si è fuori. Philippe sale per primo, in pochi minuti è alla prima sosta, aspettiamo che recuperi la corda alla quale sono legato con Alberto, fino a che non la sentiamo tendersi: è il segnale che tocca a noi, punto nel ghiaccio ramponi e piccozza ed inizio la salita; dopo pochi metri mi fermo, impietrito dal terrificante boato causato dal distacco di un seracco, stavolta tanto vicino, che lo spostamento d'aria mi fa vacillare; il timore che sia caduto sulla via appena percorsa e che una cordata vi sia rimasta sotto non ci lascerà che alcune ore più tardi, quando con il far del giorno avremo la certezza che nessuno è stato coinvolto. Continuo così a salire col cuore in gola ed il sangue che pulsa all'impazzata nelle tempie, le mani e le gambe diventano caldissime, il ghiaccio tiene, le punte dei ramponi entrano con facilità rimanendo ben salde nel muro ghiacciato, passano così circa 30 minuti di pathos al termine dei quali sono ai 4.345 metri del Col du Mont Maudit (il monte maledetto), secondo dei tre Mont Blanc. Sono ormai le 5:00 del mattino, so che il percorso, da qui in avanti, non presenta grosse difficoltà, il tempo è splendido, il cielo nero lentamente impallidisce annunciando un'alba luminosa; per la prima volta la possibilità di arrivare in vetta diventa tangibile, sostenuta dai primi chiarori del giorno, esce dalla teca in cui è rinchiusa dal settembre dello scorso anno, quando condizioni meteo avverse ci respinsero lasciando nell'animo un misto di sollievo e delusione. In questa alba livida però, la vista della vetta che lentamente si tinge di rosa, scalda i cuori e rinvigorisce gli animi; un rapido controllo del sensore glicemico indica un tranquillizzante valore di 160 mg/dl, l'obbiettivo sembra ormai alla nostra portata, niente sembra ormai poterci fermare. Non immagino che il vero confronto con la montagna debba ancora iniziare. Un'ora e mezza di cammino ci separa ancora dalla vetta, saranno i 90 minuti più duri ed intensi della mia vita di alpinista.

La vetta del Bianco dal colle delle Brenva 4.500 mt s.l.lm. sono le 05.30 del 6 settembre:" In questa alba livida però, la vista della vetta che lentamente si tinge di rosa, scalda i cuori e rinvigorisce gli animi...l'obbiettivo sembra ormai alla nostra portata, niente sembra ormai poterci fermare. Non immagino che il vero confronto con la montagna debba ancora iniziare:"

XII Capitolo:

"La vetta, il benessere: traguardi di un giorno e di una vita"

Quella mattina le condizioni climatiche sembravano dunque ideali per una veloce salita degli ultimi 500 metri di dislivello che ci speravano dalla vetta. L'alba aveva reso visibile la cima che nella prima luce del mattino, pareva vicina ed accessibile; bastarono però pochi passi, superato il pianeggiante colle della Brenva con andatura quasi baldanzosa, per capire che la realtà sarebbe stata molto diversa: già alla prima rampa del Mur de la Cote, la prima altura del tratto terminale di salita dopo il colle della Brenva, comincio ad avvertire nelle gambe una insolita pesantezza associata ad una crescente nausea; Sono oramai passate le cinque , tecnicamente la salita non presenta grosse difficoltà, e anche se la vetta sembra a portata di mano, capisco che per arrivare in cima dovrò dar fondo a tutte le mie risorse ed il cammino diventerà un lento e penoso avanzare; dovrò utilizzare tutte le strategie che conosco per centellinare le ultime forze che mi rimangono e utilizzare tutta la mia pazienza per non farmi prendere dalla fretta di arrivare che già mi tenta spingendomi al contrario ad allungare il passo; inizierà un'altra fase della salita, dopo la concitazione iniziale, le forche caudine dei seracchi, la salita tecnica del Maudit, adesso toccherà alla fase della forza paziente, non meno tecnica delle altre, non meno insidiosa. Si tratterà di cambiare atteggiamento mentale cosa difficile quando le forze iniziano a mancare e la vetta sembra così vicina. Ho sempre pensato che la montagna, con le sue difficoltà, rappresenti una metafora della mia vita di diabetico: per affrontare la montagna ed il diabete in sicurezza ho dovuto imparare a conoscerli, distinguere i sentieri, i più semplici da quelli più impegnativi, prevedere le condizioni ambientali in modo da prepararmi adeguatamente, così come decidere ogni mattino le dosi adeguate per la giornata che verrà; stare sempre all'erta per evitare ostacoli potenzialmente pericolosi, per non cadere nei crepacci o nelle ipoglicemie; in montagna e con il diabete devo faticare giorno per giorno, passo dopo passo, mantenendo sempre la calma e la fiducia in me stesso e nei miei mezzi, senza farmi prendere dal panico, tenendo sempre ben presente il mio obbiettivo; puntare sempre in alto, usando muscoli cuore e cervello in un misto di coraggio e prudenza; la montagna come il diabete pretende rispetto, il rispetto di noi stessi e della nostra natura. Faticare per arrivare ad un obbiettivo è il segreto che mi fa sentire in grado di guardare al futuro, coltivare progetti e speranze per vederle realizzate; per non vivere nei confini angusti di un orizzonte limitato dalla malattia, o peggio, dal timore dell'ignoto. Questa è la meta da conquistare giorno dopo giorno, passo dopo passo. L'impegno giornaliero nel controllo dei valori glicemici, di quanto mangio, dei giusti dosaggi di insulina , e tutte quelle conoscenze necessarie per un diabetico, da alcuni vissuto come un peso o un'ingiusta condanna, per me rappresenta un mezzo per arrivare all'obbiettivo più alto, a quella sensazione di benessere completo, "fisico psicologico e sociale" (definizione coniata dall'O.M.S. nel 1946 per indicare lo stato di piena salute), da considerare un diritto oltre che una necessità primaria nella vita di ogni uomo.

Sentirmi in salute ripaga di tutte le fatiche patite per raggiungerla, porta autostima e rinnova le energie per continuare a prendermi cura di me stesso. Penso inoltre che il mio destino non sia diverso da quello di tutti gli altri uomini, il diabete non mi rende diverso, ed io non voglio sentirmi discriminato né sentirmi parte di un club esclusivo ed un po' snob, ma uguale ad ogni altro essere umano che deve ogni giorno superare delle difficoltà per continuare a vivere e sentirsi libero; credo fermamente che la metafora della salita ad un obiettivo alto sia valida per tutti gli uomini, diabetici e non, tutti insieme alla comune ricerca della felicità.

Questo è il cammino verso quel benessere attivo che il diabete, compagno di viaggio, mi ha permesso di riconoscere e percorrere in questi anni, per questo, in montagna al mare o in città, mi considero un diabetico fortunato.

Questi i pensieri che mi attraversavano la mente mentre camminavo ansimante, cercando di mantenere un ritmo aerobio sul sentiero che si sviluppava con innumerevoli tornanti, che spezzando il ritmo, rendono la salita una vera tortura.

La nausea cresce, ad ogni cambio di direzione devo fermarmi, riprendere fiato per trovare poi di nuovo un passo regolare. Sono le sei ed il sole uscito improvvisamente da dietro le montagne, scaldando velocemente l'atmosfera, riscalda il corpo e rinvigorisce lo spirito, ma l'affanno la nausea e la fatica non si attenuano. La vetta è sempre lì, una svolta, poi un'altra, poi un'altra ancora, sento di essere sull'orlo di una crisi di nervi, non ce la faccio più, le gambe cedono, ho voglia di fermarmi, di finirla qui, sento che la fatica sta prendendo il sopravvento sulla speranza; non è tanto un problema fisico quanto psicologico: il corpo che fino ad ora aveva trovato dentro di sé le forze, subìto la fatica senza cedere, all'avvicinarsi della cima si scompone, perde il controllo, così la mente si ribella al giogo e chiede di correre per abbreviare la sofferenza; Questa ennesima imprevista difficoltà mi sorprende, il fisico sembra cedere di colpo, sfiancato; la nausea sale a livelli mai raggiunti prima. Sono gli ultimi difficilissimi minuti di salita nei quali la cima, per quanto ormai vicinissima, ancora non è raggiunta. Non ce la faccio più, mi devo fermare costringendo alla sosta anche Alberto e Philippe che non dicono nulla, forse sono stanchi anche loro, o forse hanno capito il momento di difficoltà e aspettano; chiudo gli occhi, mi giro verso la luce percependo dietro le palpebre chiuse il calore ed il chiarore rigenerante del sole; cerco dentro me, in qualche recondito angolo del corpo le ultime forze per superare anche questo ostacolo, non voglio cedere adesso ad un passo dalla meta.

In quel momento, quando il corpo sembra lasciarsi andare , succede qualcosa di nuovo ed inatteso: dopo aver esaurite le ultime risorse fisiche e mentali, la ragione concede spazio al pathos; la carica emotiva, fino ad ora rimasta nell'ombra, prende il comando, l' ultima, disperata risorsa, sprigiona la sua forza gettandosi oltre l'ostacolo. Con una forza della quale io stesso mi sorprendo, riapro gli occhi, riesco a trovare le forze per muovermi, fare un passo, poi un altro ancora, un'altra curva, seguita da un altro tratto rettilineo, e poi un'altra curva, ma la vetta ancora non si vede. All'improvviso Philippe che fino ad ora ci aveva guidato, si ferma e ci guarda, senza dire una parola fa' cenno con la mano di proseguire, per la prima volta da quando siamo partiti si posiziona alle nostre spalle. Divento così inaspettatamente capo cordata quando la traccia diviene finalmente rettilinea perdendo lentamente la sua pendenza; vedo il cielo, oramai di un azzurro vivo, guadagnare spazi sempre più ampi rispetto al bianco della neve, siamo vicinissimi alla vetta, pochi metri, la vedo! Gli occhi si riempiono di lacrime, guardo l'orologio, sono le 7:44 del 6 settembre 2013 l'altimetro segna 4810 metri sul livello del mare, mi giro incredulo, tutte le altre vette sono sotto di noi, siamo sul tetto delle alpi. Sono state sei ore intensissime in cui il buio, la paura e la fatica, sono stati elementi dominanti che adesso si colorano di azzurro e di bianco e si trasformano in grandissima gioia. Abbraccio Alberto, anche lui si commuove, anche per lui è la prima volta, gli ultimi passi fatti fianco a fianco rimarranno per sempre nei nostri ricordi. Il Bianco è nostro!

Riesco a filmare col telefonino gli ultimi metri prima della vetta che è già piena di alpinisti giunti fin quassù da ogni parte del mondo, diventerà un filmato a ricordo della commozione del momento, del colore del cielo e della neve, della nitidezza dell'aria nella prima luce del mattino.

Un rapido controllo della glicemia mi indica un valore di 200 mg/dl dovuto allo stress, causa principale di iperglicemia da insulinoresistenza. Prima di iniziare la discesa alzerò la basale dal 30% tenuto in salita, al 50% del normale fabbisogno ma la glicemia non si assesterà che molte ore dopo in rifugio, anche grazie a generose dosi di insulina.

Il clima straordinariamente mite per queste altezze e la mancanza di vento ci consentono di attendere in relax l'arrivo delle altre cordate. Philippe nella attesa, vedendomi molto stanco, mi offrì un sorso della sua bevanda a base di sali minerali che bevvi avidamente e che letteralmente mi rimise al mondo facendo scomparire tutta la stanchezza nel giro di pochi minuti, segnale inequivocabile che la fatica della salita era in gran parte dovuta a perdita di sali minerali che a queste quote è un rischio da non sottovalutare potendo compromettere, la prestanza fisica e la capacità di arrivare in vetta, nonché la sicurezza, sia in salita che in discesa.

Alle otto e un quarto Piero e Gianni raggiungono la vetta con Leonardo, anche lui stremato dalla fatica e dalla quota; a pochi minuti da loro Edoardo e Roberto guidati da Alessandro; la foto di gruppo in vetta sarà un altro dei ricordi che mi accompagneranno per il resto della vita.

(Foto di: Novo Nordisk) Da sinistra a destra: Edoardo, Roberto, Gianni, Alberto ed io in basso. Sono le 8:30 del mattino, il Bianco è nostro.".. la foto di gruppo in vetta sarà un altro dei ricordi che mi accompagneranno per il resto della vita.". (per gentile concessione Novo Nordisk)

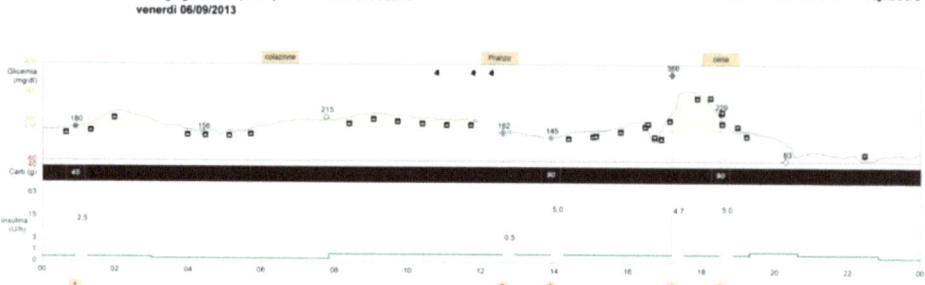

Appendice

Avevo 15 anni quando ebbi l'occasione di fare la mia prima escursione di montagna arrampicando lungo una breve facile cresta nel parco del Mercantour in Francia. L'occasione si presentò quando alcuni amici del Club Alpino di Sanremo, con cui sciavo regolarmente, mi invitarono in estate a partecipare alle iniziative estive del Club. In quell'occasione per rassicurare i miei genitori venni affidato ad un persona di fiducia e conosciuta dai miei, si chiamava Nino Campi, per tutti Ninetto. Uomo semplice dal sorriso sornione, camminatore , arrampicatore tranquillo e prudente , incredibile cuoco, anche con i pochi mezzi a disposizione nei rifugi , rispettato e ammirato dalla comunità locale in quanto invalido di guerra. Il suo valore aggiunto? Un occhio di vetro. Con Ninetto feci quella salita e alcune altre, ed imparai subito che conoscere i propri limiti ti insegna come poterli migliorare usando i mezzi che hai. Per lui, valutare le distanze in montagna era sicuramente più difficile , visto che non aveva una visione stereoscopica, infatti osservava sempre attentamente le dimensioni degli alberi, delle persone in lontananza, degli animali per valutare al meglio le distanze, puliva con cura entrambe le lenti degli occhiali, e diceva, "perché se mi si sporca una ho comunque la seconda disponile subito!" Quando portava in tavola un piatto di pasta al pesto, chiudeva gli occhi lo annusava bene , se passava il controllo lo serviva e diceva "non ci vedo da un occhio, meglio usare il naso che va alla grande". Quando divenni guida alpina Ninetto fu molto felice e mi augurò il meglio, ricordandomi di "guardare sempre le cose da due angoli diversi!"

Intrapresa la carriera di professionista della montagna ebbi occasioni di accompagnare ed insegnare ad una varietà di persone giovani e non, ma anche con limiti fisici, come bimbi autistici, persone distrofiche, alcuni affetti da sindrome di down, ipovedenti. Di quei giorni ho sempre ricordi speciali che mi hanno fatto apprezzare la mia "normalità" e ammirare e rispettare chi ha meno possibilità e comunque prova a fare cose speciali. Il solo voler provare è un modo per verificare il proprio stato di fatto e quindi riflettere sul come migliorarsi. É voglia di conoscersi meglio. Quando ricevetti la richiesta di Aldo, ho accettato con piacere di collaborare alla riuscita di questo gruppo speciale, che comunque, per le mie conoscenze (una laurea in farmacia) ed esperienze con amici diabetici sportivi, ritenevo a priori capaci di portare a termine questo progetto. Come sempre la mia attenzione si è

rivolta da subito alle conoscenze tecniche e la preparazione fisica di base di ognuno, a creare le condizioni favorevoli a far si che essi potessero dare il meglio. Questo mi porta di solito ad evidenziare eventuali problemi alimentari che specialmente in quota possono risultare molto importanti. Disidratazione e ipoglicemie da sforzo. Chiaramente in questa circostanza parlare di cibo, carboidrati, zuccheri, calorie, ipoglicemia etc. era sfondare una porta aperta e gli interlocutori estremamente attenti e più dotti di me. Potrei dire che mi sono sentito un po' sotto esame. Alcuni consigli / abitudini che suggerisco , come avere una pausa ed alimentarsi e bere ogni circa 2 ore è quasi un obbligo per chi deve controllarsi la glicemia con regolarità. In precedenza, come ho già accennato ho avuto esperienze sportive con persone con diabete, e nella mia gioventù ebbi un compagno di scuola e un parente insulino dipendenti , per cui il diabete è uno stato d'essere a me ben noto. Questa esperienza mi ha portato a considerare le persone con diabete persone che non hanno grandi vincoli di attività normali o sportive, sempre che sappiano gestire bene le loro necessità energetiche. La cosa che mi ha incuriosito in questo evento è stato il dialogo costante del gruppo, un continuo chiacchiericcio ogni dove , con sguardi complici, bisbigli occhiate verso il basso a sbirciare l'ultima misurazione del sensore o a cambiar il programma di infusione, quasi fossero studenti monelli intenti a svelare al compagno la soluzione del problema per passare l'esame. E che esame! Fui dunque colpito da questa complicità e dal desiderio di vincere tutti insieme questa sfida. La condivisione dei probemi personali, è ben raccontata nel libro, ed il tentativo di minimizzarli e risolverli con uno sforzo comune è una delle peculiarità che ho rilevato. In vent'anni di attività da guida alpina ho avuto molte volte il ruolo di coordinatore di gruppi di più persone, la spirito di gruppo che ho percepito in questa occasione è stato singolare. Fu infatti per me non facile dover convincere, Aldo in primis, impeccabile organizzatore e collante di questo progetto, che le cordate per la salita al Monte Bianco, a partire da un certo punto in poi, avrebbero dovuto considerarsi indipendenti, in quanto le probabilità che tutti avessero il medesimo ritmo, per 6 ore circa, e raggiungessero la cima insieme o comunque a pochi minuti gli uni dagli altri era molto basse. Da parte mia, con l'esperienza, e viste le capacità dei singoli, volevo dare ad ognuno la possibilità di farcela, bene sapendo che qualcuno sarebbe arrivato prima e altri dopo; ma in vetta al Bianco, non si resta molto tempo e 20 minuti di attesa posso essere anche troppi. Fortunatamente mi venne dato credito anche se tutti auspicavano di ritrovarsi in cima per una foto di gruppo storica; al contempo percepii quasi un senso liberatorio da parte di alcuni, come se da quel momento potessero esprimere se stessi, il loro potenziale, senza preoccuparsi dei problemi degli altri, non per egoismo, ma semplicemente godersi quello per il quale si erano preparati a lungo e che desideravano con passione, salire sulla cima del Monte Bianco. Il limite era in loro stessi. Ho percorso queste pendici più di 60 volte, ed in ogni nuova salita cerco di immedesimarmi nelle emozioni e motivazioni di chi accompagno, rendendo speciale ognuna di queste. Leggendo lo scritto di Claudio ho rivissuto molte di quelle salite, dove i dubbi e le preoccupazioni degli aspetti tecnici e fisici del giorno prima, vengono poi sopraffatti dall'emotività, da quel conflitto tra il corpo e la mente che vogliono fare due cose diverse, uno scendere, smettere di soffrire, l'altra salire, scoprire cosa si vede dalla cima, conoscere qual è il nostro limite. Il suo racconto inizialmente tecnico, medicalmente quasi didattico per un giusto bisogno morale di diffondere conoscenza, sfocia in una breve ma travolgente ed intensa espressione di una profonda volontà di riuscire. Fare finalmente qualcosa che il nostro istinto e la ragione comune invece ci vorrebbero impedire, sfidare noi stessi, toccare con mano il nostro limite, vedere scritto su un piccolo strumento al polso un numero mai letto, come 4810m. Così per me in quei giorni , tutti i partecipanti durante le escursioni erano persone comuni, dove i problemi da affrontare, come la fatica, le capacità tecniche, non eran diversi da quelle di tutti gli altri alpinisti; nel leggere le sue righe ho percepito le emozioni di una persona come tante altre, che con passione, dedizione, rigore e un po di timori, ha voluto spostare il proprio limite e le proprie conoscenze un poco più avanti. Dal canto mio, anche se in quest'occasione non fui presente con il gruppo che ha raggiunto la cima, i momenti che ho condiviso, i gesti e le parole di stima che ho ricevuto, hanno gratificato il mio lavoro e quello dei miei colleghi: Piero, Nicolas, Alessandro e Philip, che tutti insieme hanno contribuito a realizzare un piccolo sogno. Inoltre mi restano dei bellissimi ricordi, con nuove conoscenze ed un altra esperienza unica, perhé vissuta con persone diverse da ogni altre. Questa storia speciale di montagna è un vero stimolo a non avere paura di avere paura di scoprire i propri limiti, anche perchè il solo valore delle nuove amicizie che si possono creare, vale la pena delle fatiche e dei disagi. Tutto ciò mi porta una volta in più ad affermare che le montagne sono quel divisorio che trasforma persone sconosciute in amici indimenticabili, dopo esser passati insieme per una cima od un colle.

Paolo Pieroni, Guida Alpina

Epilogo

Finisce qui il racconto di una settimana vissuta intensamente, in un ambiente spettacolare come quello del monte Rosa e monte Bianco, nella quale abbiamo potuto testare l'efficacia di un rivoluzionario approccio alla cura del diabete, un cammino alla scoperta di noi stessi e delle nostre emozioni che ci ha permesso di arrivare al nostro traguardo ognuno imparando, da sé stesso e dagli altri, a gestire emozioni paure e incognite, riuscendo a controllare e soddisfare le proprie esigenze metaboliche in condizioni oggettivamente difficili a conferma che quando si ha un obbiettivo ben preciso ed i mezzi per poterlo raggiungere il diabete non rappresenta un ostacolo insuperabile ma un trampolino di lancio per arrivare dove vogliamo.

Dei sette diabetici del gruppo, sei sono arrivati in vetta con le loro forze, gestendo personalmente ed in totale autonomia la propria situazione glicemica. Irene è stata costretta a rientrare, una volta arrivata ai 4.300 metri del colle della Brenva, a causa di un serio problema metabolico che solo grazie alla presenza di un diabetologo esperto come Gianfranco, suo compagno di cordata, non ha avuto conseguenze peggiori: la sua consolidata esperienza diabetologica ed alpinistica, gli ha infatti permesso di riconoscere in lei i primi segni di una pericolosissima chetoacidosi diabetica dovuta allo stress e ad insufficiente copertura insulinica; le si deve comunque riconoscere il merito di essere arrivata con le sue forze ad un traguardo di tutto rispetto.

Sento in chiusura il bisogno di esprimere la gratitudine personale e credo anche quella di tutti i partecipanti, al professor Aldo Maldonato e a Novo

Nordisk, per aver fortemente creduto in questo ambizioso ed innovativo progetto pedagogico-terapeutico. Senza l' ostinazione di Aldo nel realizzare un progetto in cui credeva fermamente, dopo averlo già rimandato lo scorso anno causa maltempo, e con esso il mio desiderio di raccontare questa storia, sarebbero rimasti nel cassetto dei sogni.

Claudio Molaioni

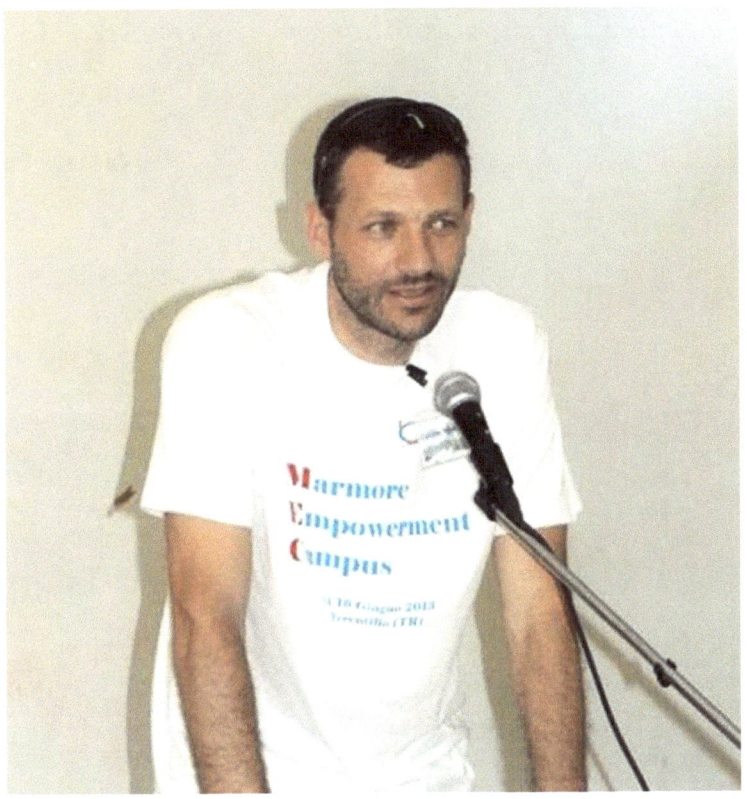

Claudio Molaioni nasce a Roma nel 1970; nel 1987 all'età di 17 anni contrae il diabete tipo 1 insulinodipendente, nel 1989 si iscrive alla facoltà di Medicina, laureatosi con lode nel 1994 si specializza in Medicina Interna nel 2000. Dal 2002 lavora come dirigente medico presso l'ospedale della sua città. Dal 2010 è operatore sanitario (O.T.S.) del Soccorso Alpino partecipando a diverse operazioni di ricerca e salvataggio di dispersi nella sua regione, le Marche.

Dal 2012 organizza campus di educazione terapeutica al diabete, insegnando ai giovani diabetici i benefici della pratica della attività fisica per il benessere e la cura del diabete.

E' sposato, padre di due figli, il suo motto è: ***Per curarTi il Diabete devi imparare a conoscerlo, che significa imparare a conoscere Te stesso e a volerTi bene.***

www.ingramcontent.com/pod-product-compliance
Lightning Source LLC
Chambersburg PA
CBHW050808290526
45792CB00001B/33